တင်ဆါ

テインサ

ビルマ元首相バ・モオ家の光と影

根本百合子

Nemoto Yuriko

カエンカズラ

石風社

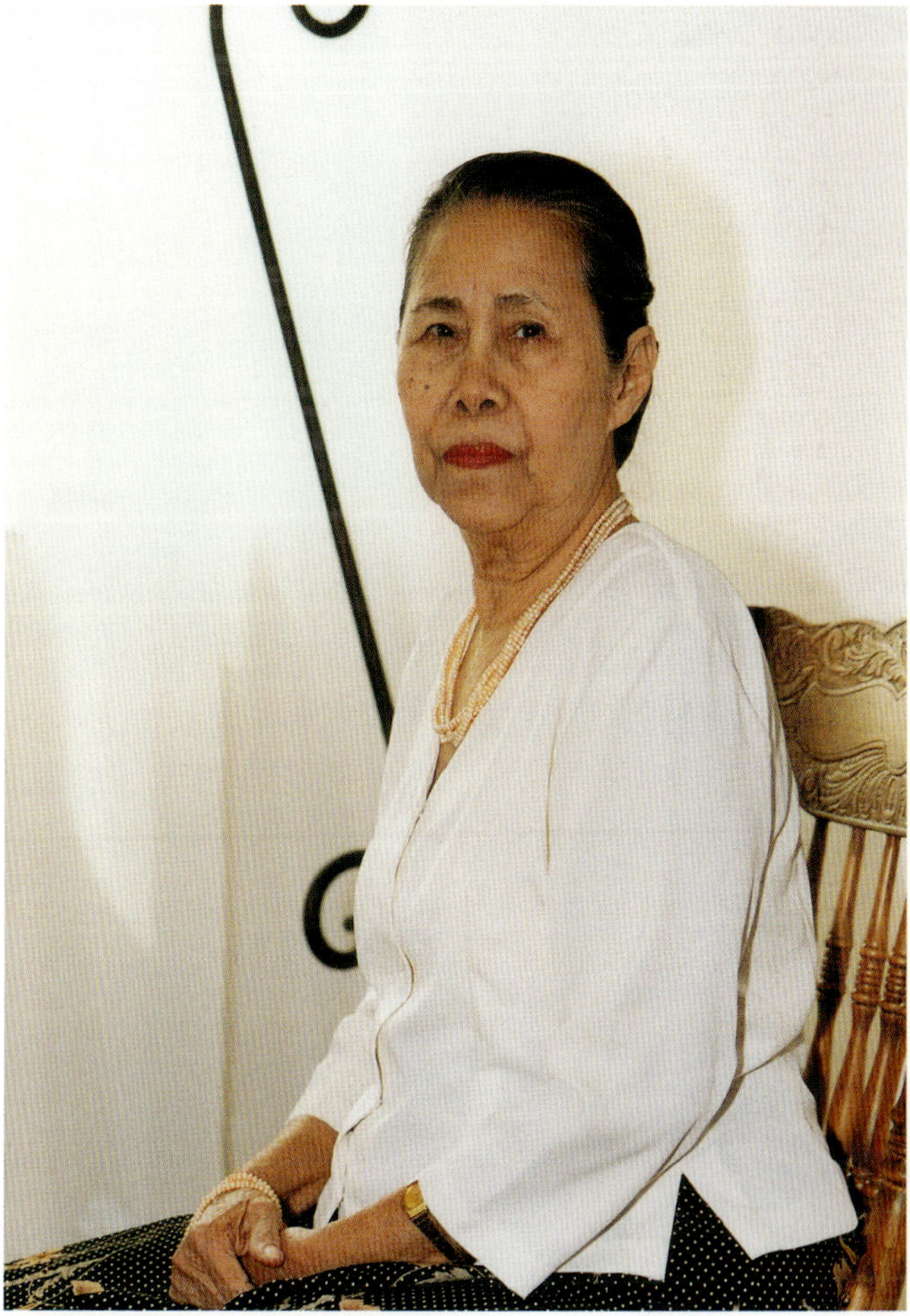

1988年　ラングーン
ドオ・ティンサ・モウ・ナイン

1988年　ラングーン　自宅庭
ボウ・ヤン・ナインとティンサ夫妻
ボウ・ヤン・ナイン永眠の前年

1937年5月　ロンドン
英植民地ビルマ国首相夫妻としてジョージ六世の戴冠式に
出席したバ・モオ博士と夫人ドオ・キン・マ・マ
(第一章、六)

1961年　ラングーン　バ・モオ邸
後列：左より　ヤン・ミョウ、ティンサとミン・シン、
　　　ボウ・ヤン・ナイン、イエマ、ヤン・リン
前列：左より　アマヤ、ケティ、ナンダ、キンサ（第五章、三）

1964年12月10日　ラングーン
左から　ボウ・ヤン・ナイン、キンサ、ケティ、
ナンダ、アマヤ、ティンサ（第五章、三）

1982年１月3日　ラングーン　18年振りの再会
ティンサ夫妻の家の前
後列の大人：左より七女ティンティ、六女ナンダ、日本より同行したMさん、ティンサ、著者、ボウ・ヤン・ナイン、三女アマヤ、五女ケティ
前列の子供：左より当日留守だった長女イエマの二女カリヤ・ミン、三女キン・ナイン・ナン・ミン、長女キン・ムウ・ムウ・ミン（終章）

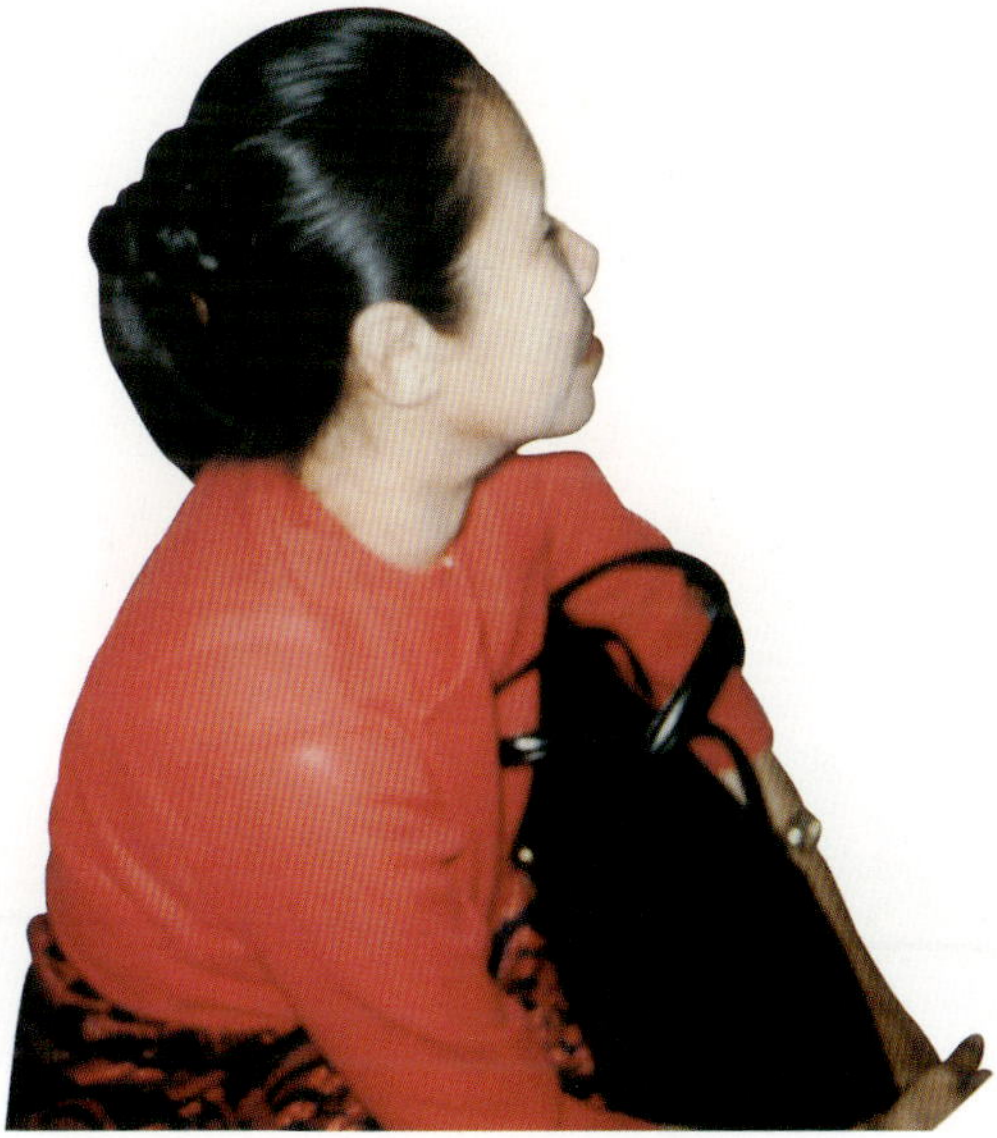

1982.1.4　ラングーン
ティンサ　著者撮影
「三十人志士」のパーティにて

1986年2月5日　ラングーン
自宅応接間のボウ・ヤン・ナイン、ティンサ夫妻
後方仏壇

1987年8月　ラングーン　ボウ・ヤン・ナイン邸
ボウ・ヤン・ナイン、ティンサ夫妻
（序章、終章）

1987年8月　ラングーン　ボウ・ヤン・ナイン邸
ボウ・ヤン・ナイン、ティンサ夫妻と四男ザーニィ
（序章、終章）

1987年8月　ラングーン　ボウ・ヤン・ナイン邸
左よりボウ・ヤン・ナイン、著者、ティンサ
初回の取材の折（序章、終章）

1987年8月　同上
左より著者の三男敬（当時ビルマに留学中）、
ボウ・ヤン・ナイン、ティンサ（序章、終章）

1988年1月　東京　中日ビル
ビルマ経済発展研究会主催のパーテイの主賓
ボウ・ヤン・ナイン（第十章、三）

1988年1月　東京　中日ビル
ビルマ経済発展研究会主催のパーティ
左端後姿ティンサ　中央後姿ボウ・ヤン・ナイン
（第十章、三）

1988年1月　東京　中日ビル
上記のパーティ出席のティンサと著者
（第十章、三）

1988年1月13日　著者宅
ボウ・ヤン・ナインとティンサ
(終章)

1988年1月13日　著者宅
ティンサと著者
(終章)

1988年1月13日　著者宅
ボウ・ヤン・ナイン、ティンサと著者の三男敬
(終章)

1988年1月13日　著者宅
ボウ・ヤン・ナイン、ティンサ夫妻と著者
(終章)

1994年　カナダ　トロント
トロント在住のキンサを訪ねた母と姉妹
左からティンサ、キンサ、アマヤ、ナンダ

1994年　カナダ　トロント
左からキンサ、ティンサ、アヤマ

1996年1月　インド
チャンドラ・ボース没後五十年記念会に出席したティンサと次弟ザリ・モオ

1988年　ラングーン
ティンサ

2001年4月21日　米国コネティカット州デリアン市
れんぎょうの花の前のティンサ
(序章、終章)

2001年4月21日　デリアン市
共に住んでいた六女ナンダの家の前に立つ
ティンサと著者（序章、終章)
第二回目の取材の折

2001年4月17日　米国コネティカット州デリアン市
ティンサの六女ナンダの家
左からナンダの長男ヤン・パイン・ハン、
ティンサ、ナンダの長女イン・ムン・ハン
(序章、終章)

2001年4月17日　デリアン市
取材に通ったナンダ宅
ティンサ
(序章、終章)

1964年9月　ラングーンを去る時、
バ・モオ博士から贈られた銀の器
（終章）

右の器の底に刻まれた文字
（終章）

ボウ・ヤン・ナイン、ティンサ夫妻からラングーン
滞在中に贈られたビルマの壁掛
（終章）

Dedication

To my dear Burmese friend Daw Tinsa Maw Naing
with respect and love

Yuriko Nemoto

ティンサ　ビルマ元首相バ・モオ家の光と影

◉目次

ティンサ　ビルマ元首相バ・モオ家の光と影

序章

乾季には果てしなく広がるコバルトブルーの空に南国の陽が輝き、雨季には濡れた緑の蔭に色鮮やかな花々が咲き乱れる。平和の象徴のように点在する金色や白いパゴダの塔の下では、仏と来世を信じる善男善女が祈りを捧げる。しかし、この美しい自然と穏やかな光景に包まれたビルマ（ミャンマー）という国は、太平洋戦争（一九四一年十二月八日〜一九四五年八月十五日）以来、半世紀余もの間、政治の暗雲が重く垂れこめたまま動かないでいる。

日本は日中戦争の後半、重慶にたてこもった難攻不落の蔣介石軍に手こずっていた。この難攻不落の理由の一つは、連合軍が大量の武器と物資を重慶に運び込むいくつかの援助ルートにあった。その中にビルマ経由のトラック輸送ルートがあり、日本は何としてもこの援助の道を断ち切らねばと、ビルマ侵攻を決断したのである。しかし、戦う相手はビルマ人ではなく、当時植民地であったこの国の宗主国、英国の軍隊だった。

日本軍はビルマ国土を戦火に巻き込みながら、破竹の勢いで敵軍を南から北へと追い上げていった。英軍はついに、これまた自国の植民地であるインドへ逃げ、ここでインド軍、米国軍と共に連合軍としての力を蓄え、反撃に出る手段を養い、その機会を狙うことになった。

一方、日本軍はビルマ全土に軍政を敷き、一九四三年八月一日には「独立政権」を樹立させ、バ・モオ博士を国家代表兼首相の座に据えた。実体は、日本軍の意のままに動かざるを得ない、いわゆる「傀儡《かいらい》政権」であった。このようにして、あたかも日本軍はビルマ全国を制覇し、かつ支配した観があり、独立政府の全責任を担わされたバ・モオ首相は、日本側のさまざまな圧力に対抗しつつも新しい国造りに懸命の努力をしていた。

ところがこの時期、早くも英軍は米軍とインド軍を加えて連合軍を編成し、見事に力を取り戻していたのである。一九四二年から小規模な空爆は時折実施されていたものの、被害は少なかった。しかし一九四三年には、その回数が急激に増して、首都ラングーンにも及ぶようになった。さらに一九四四年が明けると、空陸双方の反撃が熾烈を極めるようになり、日本軍は忽ち勢力を失って、「独立ビルマ」の運命は風前の灯と言わざるを得ない状態に追い込まれた。それにもかかわらず、この厳しい現実を把握していなかった参謀本部は、インドに攻め込むという常識では考えられないインパール作戦を命令した。武器も食糧も支給されないでジャングルの中を進撃させられた日本軍は、渡河に失敗して流れに飲み込まれる者、山中で餓死する兵士が続出し、戦わずして全滅する部隊が次々と生じ、この作戦は短期間に多大な犠牲者を出した挙句に終りを告げた。

この間も連合軍の反撃は続き、ビルマ全土の都市も農村も、今度は北から南へと再び戦火によりずたずたにされてしまった。四年足らずの間にこの国は外国軍と外国軍との戦いのために一度ならず二度までも祖国を戦場とされたのである。

当のビルマの人々はこの間、どのような思いで逃げまどったのであろうか。戦後、日英両国でビルマ関係の本が多数出版されたが、その内容は大半が如何に敵軍との戦いが厳しいものであったかという報告と体験談が主題であって、肝心のビルマ人に関して触れている本は見当らない。

そこで私は、ビルマ人自身の戦争体験の話をじかに聞きたいと思い立ち、一九九〇年代、五回にわたって現地に赴き、三十数人の協力を得て聞き取りをおこなった。その中から十二人の話を選んで二〇〇〇年に出版したのが、『祖国を戦場にされて――ビルマのささやき』である。これら十二人の中には、農民、田舎町の主婦、日本軍政下の女性村長、学者、作家、僧侶出身の哲学者、日本への南方特別留学生、ビルマの映画監督に嫁いで戦前、戦中、戦後を夫の国で生き抜いた数奇の運命の日本女性などが含まれている。

実はバ・モオ博士の長女ティンサへの取材は、前述の本に含まれる十二人の聞き取りに先立って、一九八七年八月、ラングーンの彼女の自宅で五日間にわたりおこなっていたので、『祖国を戦場にされて――ビルマのささやき』に加えることは勿論可能であった。しかしインタヴューの記録を読み返せば読み返すほど、バ・モオ博士を始め、ティンサ一家の戦中戦後の運命が余りにも波瀾万丈であったことが判明したため、別の一冊にまとめたいと意図的に保留しておいたのである。

二〇〇一年四月、春も浅い米国コネティカット州デリアン市に、六女ナンダ一家と同居

しているティンサを訪ね、一週間連日ホテルからかよって再度の取材をさせてもらった。その折、ティンサから、

「子供達や孫達に自伝を是非書くようにと言われているのですが、なかなか手をつけることができないまま日が過ぎてゆくのです。どうか私に代わって貴女が書いて下さいね」と依頼された。それまでは私が彼女に、一家の戦中戦後の歩みを書かせて下さいと一方的に頼んでいた立場がこの一言で逆転し、執筆に重い責任がのしかかってきた。しかるに、この取材の後、著者の私的な事情から、『ティンサ』の完成が大幅に延引して今日に至ってしまった。依頼者ティンサに心から申し訳なく思っている。

日本の軍政下に首相の座につかざるを得なかったバ・モオ博士一家の人々が、戦中戦後を通して如何に苦難の道を辿ったかという事実を、長女ティンサからの聞き取りにより、ビルマの不条理な政情を背景に書きとめたのがこの拙著である。

また、一方的かつ身勝手な意図でビルマに攻め込み、四年にわたって国土を戦火で荒廃させてしまった日本の行為を心から反省し、悔いて止まない著者の胸の内をひそかにこめて綴ったつもりでもある。

第一章　ティンサの娘時代

一　父方の祖父ウー・シュエ・チュエ

ビルマという国が、まだインドと一括されたまま英国の植民地であった一九二七年三月十六日、ティンサは弁護士バ・モオ博士とドオ・キン・マ・マ夫妻の長女としてラングーンに生まれた。その頃一家の邸宅は、シティの東側を走るミン・イェ・チャウスワー通りに面していて、現在の中央ウィメンズ・ホスピタルのすぐ近くにあった。ビルマの三月は、まもなく水祭りを迎える乾季の終りに近く、枝をひろげた濃い緑の葉の上に火炎木の花が燃えるように咲き始める季節である。

当時のビルマは英国の統治下にありながら、人種、宗教、政治の三大問題をかかえて大揺れに揺れていた。また、英国がビルマをインド植民地の一部として統治していたため、

火炎木の花

インド・ビルマ分離運動が起こり、賛否二派に分かれて抗争が続けられている時でもあった。

ティンサの父バ・モオは、一八九三年二月、ラングーンの西方約八〇キロメートルにあるマウビンで、ウー・シュエ・チュエとドオ・ティン・ティン夫妻の次男として生を受けた。

ティンサにとって父方の祖父に当たるウー・シュエ・チュエは、若い頃にモールメインで米国系ハイスクールのマークス博士のもとで英語を身につけ、西欧文化の影響を大きく受けた人である。後にマンダレーに赴き、宮廷のお抱え家庭教師としてミンドン王に仕えた。

また彼は、時の国務大臣キン・ウン・ミンヂーに同行して、イギリスとフランスを訪れている。ビルマで現在も貴重な歴史資料の一つとされている『キン・ウン・ミンヂー日記』は、実際にはウー・シュエ・チュエが執筆したものとされている。彼は十九世紀後半のビルマにおいては非常に珍しい西欧的視野を持った国際人ではあったが、胸の中にはナショナリストとしての熱い血がたぎっていた。

英国は一八五二年以来、下ビルマを植民地として支配していたが、上ビルマにはまだ王国が続いていた。ところが、一八八五年、英国は上ビルマも植民地に併合し、マンダレーから最後の王ティーボーをインドへ連れ去ってしまったのである。

王朝を愛してやまなかったウー・シュエ・チュエは、この事実を知ると直ちに地下にもぐり、ラングーンの南三〇〇キロメートルの生まれ故郷アマースト（現チャイッカミー）で反英運動を展開した。しかし結局は失敗に終わり、病を得てこの地で他界してしまった。生前彼がこの町に寄贈した寺院には、現在も「ウー・シュエ・チュエの功徳」と刻まれた碑が残されている。

二　父バ・モオ博士と伯父バ・ハン博士

ティンサの父バ・モオとその兄バ・ハン、つまりティンサの伯父は、共に頭脳明晰で強い向学心の持ち主だった。幼くして死別した父シュエ・チュエではあったが、その優れた国際的教養と深い愛国心による反英運動は、この兄弟に一生多大な影響を与えている。早くに未亡人となった母親は、二児の教育に熱心で、苦労しながらも息子たちをラングーンのセント・ポール・ハイスクールに送った。バ・モオ、バ・ハン兄弟は大変仲がよく、ハイスクールを優秀な成績で卒業すると、交替で働いては学費を蓄え、代わる代わる自費で留学し、やがてビルマの指導的人物に成長したのである。

バ・モオは、まずインドのカルカッタ大学で学士号を取得し、その後しばらくの間、現在のラングーン大学の前身であるラングーン・カレッジで教鞭をとった。こうして学費を蓄えると今度は英国に留学し、ケンブリッジ大学で修士号を、ロンドンのグレイズ・インで弁護士の資格を得た。そして更にフランスに渡り、ボルドー大学で哲学博士号を取得したのである。帰国後彼は弁護士として活躍したが、次第に政治の世界でも名を成すようになった。

一方、バ・ハンも数か国に留学後、ラングーンで弁護士事務所を開いて法曹界の第一人者となると同時に、学者としても活躍した。彼は一九五〇年に英・緬大辞典を出版し、ビルマの大百科事典作成に関しても多大な貢献をした人物として知られている。しかし彼はバ・モオと異なって政治には一生かかわらなかった。ビルマ人は、そのほとんどが上座部仏教徒であり、バ・モオ家も例外ではないのだが、バ・ハンだけは一族の中で、ただ一人のクリスチャンである。

三　母ドオ・キン・マ・マ

ティンサの母ドオ・キン・マ・マは、ラングーンの大商家の長女として生まれた。彼女の母、ティンサの母方の祖母はドオ・セインといい、二十五歳で夫を亡くした。

彼女は逆境にもめげず、アメリカン・バプティスト・ミッションスクールで教員をつとめながら二人の娘を育て、自分の勤務する女学校を卒業させた。一家はシティの中心にある五十一番街に住んでいた。

ドオ・セインはその後、中国人女性でダイアモンド専門の商人と知り合い、この人のすすめで宝石商に転じたところ、大変な繁盛でひとかどの財を成したという。五十一番街という場所柄もよかったのであろう。また亡き夫が大商人とまで言われていた評判も残っていたのかもしれない。

長女ドオ・キン・マ・マは母の仕事を手伝っていたが、縁あって当時弁護士として活躍していたバ・モオ博士と結婚したのである。しかし妹のドオ・キン・ミ・ミは生涯独身を通し、バ・モオ一家と生活を共にしながら、姉の子育てや家事を助け、家族の一員としてなくてはならない存在となった。ティンサは育ち盛りの頃、この叔母のドオ・キン・ミ・ミの躾が実の母より厳しかったと回想している。

四　サヤー・サン事件

一九三一年ティンサが四歳の時、バ・モオ一家はロイヤル・レーク湖畔のパーク・ロードの邸宅に移り、十五歳までここに住んだ。この家はその後ドイツ大使館になった。

ティンサはこの家からセント・ジョーンズ・コンヴェントに通学してキリスト教文化に接し、正確で美しい英語も身につけた。しかし彼女は現在も敬虔な仏教徒である。

バ・モオ一家がパーク・ロードに引越す前年の一九三〇年十二月十二日、タヤワディ地方で、元僧侶サヤー・サンの指導のもとに反英反乱が勃発し、下ビルマ各地にひろがっていった。サヤー・サンは一九三一年八月逮捕されて裁判にかけられたのだが、この時ヴォランティアとして主任弁護士を買って出たのがバ・モオ博士であった。

後にティンサの夫となったボウ・ヤン・ナインの話によれば、サヤー・サンは気の小さい男であったが、バ・モオ博士が獄中の彼に、

「あなたはいずれにしても死刑を免れることはできないのであるから、英国に対して言いたいことがあったら、裁判の場で思う存分話してしまいなさい。そうすればあなたはまちがいなく英雄になれるではありませんか」

と激励したところ、サヤー・サンは裁判で堂々と英国の統治を批判したとのことである。

彼は処刑されてしまったが、バ・モオ博士の予言どおり、現在に至るまでビルマ国民から英雄の一人として尊敬されている。ラングーン市内には、彼の名を記念して「サヤー・サン通り」が存在しているし、かつて短期間だったが九〇チャット紙幣があった頃、この図柄に彼の肖像が用いられていたのを著者も覚えている。

この事件の弁護をつとめていた期間に、バ・モオ博士は生まれて初めていわゆる下層国

民といわれている人達と親しく接する機会を持ったという。

ある日、被告たちの貧しい家族が、捕えられた夫や父との面会を求めて留置所の前に集まり、デルタ地方の厳しい炎天下でいつまでもいつまでも待たされていた。たまたま通りかかった英国の検事がその様子を見て哀れに思ったのか、一〇チャット紙幣を一枚とり出して彼等に与えた。おそらく当時の一〇チャットは現在の日本の一〇〇〇〇円札位の値打ちはあったであろうか、彼等にとっては大金だった。

ところがこの貧しい人々は、その一〇チャット札を検事に突き返し、

「あなたは私達の父や夫を殺そうとしているではありませんか。そんな人間からはビタ一文だって受け取るわけにはいきません」

と毅然として言い切った。そのシーンをじっと見ていたバ・モオ博士は心から感動したという。そしてこの貧しい人々の行動に接したこと、またこの裁判にたずさわったことが契機となって何としても貧者の味方になろうと決心し、長らく研究を続けていた左翼思想とも相俟って、弁護士から政治の世界に足を踏み入れていったのである。

五　ティンサの弟妹

細身で小柄ではあるが至って健康なドオ・キン・マ・マは、ティンサを頭に次々と彼女の弟妹を出産した。

ティンサ出生の翌一九二八年には、弟ザリ・モオが生まれた。彼は太平洋戦争中、まだ中学生であったが、南方特別留学生の一人として日本で学んだことがある。戦後は、父バ・モオと同様にケンブリッジ大学で修士号を、グレイズ・インで弁護士の資格を得た上、更にイェール大学で国際法を専攻して、ここでも修士号を取得した。現在はバンコックで、国際高等弁護士として活躍している。タイ人の夫人との間に一女があると聞いている。

続いて一九二九年には、年子の妹マラ・モオが出生した。彼女はラングーン大学で生物学を学んだ後、アメリカのジョージ・ワシントン大学で医学博士号を取得し、独身を保ったまま現在もラングーンで医者を続けている。

一九三一年には、二番目の妹ティーダ・モオが生まれた。彼女はラングーン大学で歴史を専攻し、イェール大学で修士号を得ると、そのまま米国に残り、現在もワシントンD.C.

ブーゲンビリア

に在住している。一度米国人と結婚したが、まもなく離婚したとのことである。

一九三四年には、三番目の妹オンマ・モオが家族に加わった。彼女はラングーン大学で理学学士号を、米国スミソニアン研究所で剥製《はくせい》学を学び剥製制作家の資格を取得した。ビルマでは珍しい技術取得者として重宝がられているそうである。また、ウー・チャン・トゥンと結婚し、二人の子供に恵まれ、ラングーンで幸せな家庭を営んでいる。

三人続いた妹のあと一九三七年、二番目の弟ビンニャ・モオが生まれ、一家はますますにぎやかになった。彼はハイデルベルク大学とジョージ・ワシントン大学双方から工学学士号を得た。専門はエンジニアリングである。現在は夫人と三人の子供と共に、オーストラリアのキャンベラに在住、ビジネスマンとして活躍している。

戦後一九四七年には更にもう一人、末弟のネィターー・モオが加わり、バ・モオ博士夫妻はティンサを含めて三男四女の子福者となった。ネィターー・モオはラングーン大学で歴史を専攻していたが中退し、長年、次女の医師マラ・モオと一緒にラングーンで生活していた。ティンサによると、最近よい伴侶を見つけて結婚し独立したそうである。

ティンサ自身は十七歳で家庭を持つ運命にあったため、戦後何人かの子持ちになってから、父や夫の理解を得てラングーン大学と大学院の英文科を出たのだが、詳細は後述する。

このようにバ・モオ博士は男女を問わず子女には皆最高の教育を受けさせている。ティンサは、

「父は、『お金や財産は失ってしまえばそれきりであるが、身につけた教育は、生きている限り自分のためにも人のためにも必ず役に立つ』と言っていました」

と語った。ティンサは父のこの言葉を心にとめて、後に大変な逆境にありながらも、自分の子供達すべてに最高の教育を受けさせたのである。

ところで、ティンサの弟妹の名前の最後に全部「モオ」がつけられていることに、読者は気付かれただろうか。

実は、元来ビルマには姓というものが存在しないのであるが、国際的センスを持ったバ・モオ博士は、西欧の姓名の習慣を取り入れて、どの子供にも自分の名の後部「モオ」を姓の代わりにつけて命名したのである。ティンサも「ティンサ・モオ」が正式名である。後に彼女がボウ・ヤン・ナインと結婚したとき、父のアイディアを更にひろげて、夫の名の一字をつけ加え、「ティンサ・モオ・ナイン」と名乗るようになった。

ティンサも自身の子供達の名をそれぞれ「モオ・ナイン」で終わらせているのは興味深

いことである。

六　政治家としてのバ・モオ博士

バ・モオ博士は、子育てに忙しいドオ・キン・マ・マに家庭を一任して東奔西走していたが、ついに一九三六年、スィンイェーダー（貧民）党を結成した。その名の通り、貧民のために戦ってゆくことをモットーにかかげた政党である。

同年十一月に総選挙が実施され、翌一九三七年四月一日にはインドからビルマを正式に分離することを定めた新憲法（ビルマ統治法）が施行された。バ・モオ博士の貧民党は総選挙において第二党にとどまったが、博士はこの新憲法下での初代のビルマ人首相に就任し、ここにビルマにおける政治の近代化の第一歩が踏み出された。

長年願っていたインドとの分離はこうして達成されたものの、心の奥で祖国の真の独立を望んでいたバ・モオ博士は多難な二年間の首相時代をつとめ終えると、自らの政党スィンイェーダー党とタキン党及び学生運動諸派との連合を計り、ビルマの独立を目指して反英国民運動を発展させるために一九三九年九月、「自由ブロック」を立ち上げた。そして総裁にはバ・モオ博士が就任し、書記長にはアウン・サンが選ばれた。

アウン・サンが代表するタキン党は一九三〇年に結成された。党の名前「タキン」とはビルマ語で「主人」を意味する。すなわち、ビルマ人こそがビルマの主人という思いが込められていて、党員は皆自分の名前に「タキン」をつけて名乗った。

一方、この頃の日本は日中戦争の泥沼にはまり込み、重慶の中国国民党政府軍の粘り強い抵抗に手を焼いていた。

当時、重慶へはラングーンからマンダレー、ラーショウ、そして雲南地方を経て、連合軍から中国国民党への物資と兵器を運び込む補給ルート、通称「ビルマ・ルート」ができていた。日本軍は、その補給路を制圧しない限り、日中戦争に勝ち目はないと判断し、にわかにビルマ工作に関心を持つに至ったのである。

その一環として一九四〇年五月、陸軍から鈴木敬司大佐がラングーンに送り込まれ、タキン党代表のアウン・サンやスィンイェーダー党代表のバ・モオ博士に接近していった。

この鈴木大佐は、後にビルマ名ボオ・モオ・ジョウと称して南機関長となった人である。

バ・モオ博士の自伝『ビルマの夜明け』によれば、一九四〇年七月、「自由ブロック」の反英運動が地下活動に入って武装蜂起計画にまで至ると、英国は突然「自由ブロック」のメンバー三〇〇人を逮捕した。バ・モオ博士も八月六日に拘禁され、刑期の定めのない禁固刑を言い渡されて、マンダレーの北方一八〇キロメートルの町、モウゴウッの刑務所に入れられてしまったのである。さらに八月二十八日の判決で有罪となり、一年間の重禁固とされた。

七　日本のビルマ工作とタキン・アウン・サン

タキン・アウン・サンは、この事件の少し前に危機を察知し、一九四〇年六月には外国の援助を模索しようと国外脱出を決意して地下にもぐった。彼は八月、極秘裏にアモイに渡った。その地で中国共産党と接触し、援助を得ようとしたらしいという話があるが、確証はない。また、これは著者が直接聞いたボウ・ヤン・ナインの証言であるが、彼は出国前のアウン・サンに資金の調達を依頼されたという。そこで、ドオ・キン・マ・マに事情を話したところ、彼女は直ちに了解し、五〇〇チャットを都合つけてくれた。この資金はアウン・サンの出発には間に合わなかったが、後の駐日大使ウー・テイン・マウンを通じて鈴木敬司大佐に渡され、更にある華人の手でアモイに滞在中のアウン・サンに届けられたということである。この話も客観的な確証は得られない。しかし、投獄中の夫バ・モオ博士の留守をまもるドオ・キン・マ・マに折り入ってアウン・サンへの援助金を頼みに行ったボウ・ヤン・ナインが、その時見かけたまだ十四歳のティンサに一目ぼれをしたという告白つきの話でもあるし、ティンサ自身も後日母親からたしかに五〇〇チャット用立てたという話を聞いていると言うので本当のことだったのだろう。

タキン・アウン・サンのアモイ行きを図らずも知った鈴木大佐は、アモイにいる憲兵、神田少佐に連絡し、タキン・アウン・サンを説き伏せて無理矢理日本に連れてゆかせた。鈴木大佐は十一月に東京でタキン・アウン・サンと会談し、ビルマの独立を必ず援助するから自分の指示通りに行動するようにと話をとりつけた。

大佐は翌一九四一年二月、南機関を設立し、同年三月にはビルマ独立運動の同志を募るため、ひそかにタキン・アウン・サンをビルマに帰らせた。彼は鈴木大佐の企画に内心大きな疑惑を抱きながらも、祖国の独立を願うあまり、大佐の指示に従った。自身が地下にもぐっている身であるのに、首都ラングーンにおいて短期間に三〇人の同志を集めるのは至難のわざであった。しかし彼はそれをやり遂げた。後に「三十人志士」と呼ばれるようになったこれらの若者は、海南島に送られると、五か月間にわたって日本軍人から厳しい軍事訓練を受けたのである。

この「三十人志士」の中には、後にティンサの夫となったボウ・ヤン・ナインや戦後ビルマ社会主義計画議長として国政を誤まったネィ・ウィンも入っていた。

八　太平洋戦争勃発とビルマ独立義勇軍

この年、一九四一年十二月八日、ついに日本は太平洋戦争に突入した。

泉谷達郎著『ビルマ独立秘史――その名は南機関』によると、鈴木大佐は開戦を全く予知していなかった。彼は海南島の軍事訓練を終えた三〇人の志士を、バンコックに集結させ、ひそかに母国に潜入させようと工作を練っていた。彼等は潜入命令を一日千秋の思いで待っていたが、その命令の届かぬうちに開戦となって、事態は急変してしまったのである。

南機関は方針を大幅に変更した。急遽バンコック市内在住のビルマの青年達に、「祖国ビルマの独立のために今こそ立ち上がろう」と呼びかけ、有志約二〇〇名を募って「三十人志士」に加え、ビルマ独立義勇軍（ＢＩＡ）を結成、十二月二十七日に宣誓式を行った。

この義勇軍は翌一九四二年一月、南機関の日本将兵を交える三小隊を編成し、それぞれ別のルートで三方からビルマ国内に進攻した。

ボウ・ヤン・ナインは第三小隊に属して、ビルマ最南端の岬ヴィクトリア・ポイントから上陸、鈴木大佐の隊と合流し、メボンでの実戦を経た後、バンコックで募集した新人の兵士の軍事訓練をアマーストで行った。

三月、彼の率いる隊は、ラングーン北方二八〇キロメートルのプローム近郊シュエダウンで英軍に大勝し、彼の名とＢＩＡの存在は全国に知れわたった。

九　ドオ・キン・マ・マの活躍とバ・モオ博士の脱獄

ドオ・キン・マ・マは、モウゴウッの刑務所に収容されている夫に家族全員を面会させようと、子供達の冬休みのある早朝、妹ドオ・キン・ミ・ミと共に、十四歳のティンサを頭に四人の娘と二人の息子を連れてラングーン中央駅へやってきた。

すると九時頃、突然の空襲警報が鳴り響いた。とっさにドオ・キン・マ・マは子供達を駅の構内から外に連れ出し、駅前広場の駅舎から遠く離れた場所に逃げたのである。彼女の判断は正しかった。駅舎は爆撃の的となり、いくつかの爆弾が命中して駅舎と線路の一部が破壊され、乗る予定の汽車は発車不能となってしまった。

一瞬途方にくれたドオ・キン・マ・マは子供達をドオ・キン・ミ・ミに預けると、何かを決心した様子で一人で街に出ていった。やがて、どうやって工面したのか一台の運転手つきの車を見つけて戻ってきたのだ。彼女はその車に妹と子供達全員を詰め込むと、自分ももぐり込んで発車させ、運転手に命令してラングーン北方約八〇キロメートルのペグー市まで走らせた。そこから汽車でマンダレーへ向かい、マンダレーからは舟で川伝いにモ

マンダレー郊外

ウゴウッへ辿り着いたのである。

この日、すなわち一九四一年十二月二十三日は、バンコックから飛来した日本軍航空隊によるラングーン爆撃の初日であった。ティンサ達は、最初、低空飛行する飛行機が珍しくて、口を開けて見物していたが、次々と爆弾が炸裂すると命の縮む思いで地に伏して難を逃れた。

やがて飛行機が飛び去って、母親が車を探しに出かけてしまうと、叔母ドオ・キン・ミ・ミが広げてくれた弁当や菓子を、ティンサをはじめ弟妹達はピクニック気分で平らげたという。ティンサはこの時の自分を「何の事情も分からない子供でした」と思い出の一つとして話してくれた。

モウゴウッには伯父バ・ハン博士一家も来ていて、相談の結果、ティンサ一家と共同で一軒家を借り、共に住むことになった。ティンサ達は、いとこ達とにぎやかに過ごせるのがことのほか楽しかった。獄中の父を訪問する時だけはいささか緊張したが、家に帰れば何のためにこの町に遠路やってきたのかも忘れていたほど無邪気なティンサであった。

聡明なドオ・キン・マ・マは、出発の朝のラングーン空襲を理由として、家族一同夫のいるモウゴウッに疎開してきたのだと周囲の人々に説明し、一家で腰を落ちつけた。

彼女は夫との面会を重ねて共に相談をすすめる一方、ひそかに有利な人脈を作って夫を助け出す案を練った。獄中のバ・モオ博士もコックを味方に引き入れ、四月十三日の水祭の日、人々も監獄内も浮き立っている時を見計らって、コックに台所でとうがらしを沢山ふりかけた鶏肉を焼かせた。悪臭が獄内に満ちると、博士は看守長に「気分が悪くなったから獄庭に出て臭の治まるまで休ませてほしい」と頼むと、看守長自身も悪臭に閉口していたので、獄門を開けて外へ出してくれた。博士は辺りを窺いながら木の茂み沿いに外部に通じるくぐり戸まで辿り着いた。そこで前もって入手していた鍵で戸を開け、外に出ることができた。

妻は約束した通り、近くの丘の上に車を用意して待っていた。ドオ・キン・マ・マは、持参してきたシャン人のターバンをすばやく博士の頭に巻き、自分もシャンのショールをまとって二人ともシャン人になりすますと、メイン州のパラウン族の町パンサンに行き、脱獄の準備を手伝ってくれたメイン州の州長ウー・アウン・バが用意した隠れ家に入った。

妻ドオ・キン・マ・マの活躍のおかげで、バ・モオ博士の脱獄は見事に成功したのである。

この日からティンサの母は姿を消し、ようとして行方が分からなくなってしまった。不安がる子供達を叔母とバ・ハン博士夫妻が懸命に励ました。

大人達はモウゴウッを離れたほうがよいと判断し、マンダレーの北方の小さい町ナウンチョウに家を借りて引越した。子供達はすぐ環境に慣れた。通学こそできなかったが、いとこ達と互いに勉強を手伝い合って自習したり、広い野や畑地をかけずりまわったり、ゲームをしたりで飽きることのない田舎の生活だったという。この生活は、日本軍によって父が見つけ出されるまで四か月ほど続いたとのことである。

ティンサは長い間、父母がこの期間どこで何をしていたのか分からないでいたそうである。しかし戦後も大分過ぎてから、父バ・モオ博士が自伝を執筆する折、清書を手伝って初めて父母の逃避行の苦労を知り、長年のなぞが解けたという。

第二章　バ・モオのビルマ行政府長官時代

一　脱獄後

日本軍は、バ・モオ博士が獄中にあった一九四二年三月、首都ラングーンを占領し、ただちに北伐戦を開始、北へ北へと撤退してゆく英印軍を追撃した。

首尾よく脱獄をしたものの、博士は英軍に命を狙われている身の安全をはかるため、北部に侵攻してきた日本軍となんとか連絡をとりたいと大変な苦労をした。同志二人を伴って危険なジャングルの中をさまよい続け、ようやく六日目にチャウメという日本軍部隊の駐屯する町にたどりついた。

この逃避行は、月のない暗夜のジャングルでシャンの盗賊に出くわしたり、脱獄囚を追う英軍の回し者のひたひたと近づく足音に幾度となく息をひそめる恐怖の連続であった。

ある日中、密林の中の小さい集落を通りかかった時、バ・モオ博士は茶屋のような小屋の壁に、英国統治下の首相時代の大きな自分の顔写真と名前が印刷されたカレンダーが張りつけられているのを発見した。ぎょっとして血がひいた。わざと通り過ごしてから、彼は同行の同志になんとかそのカレンダーをはがして持ってきてほしいと頼み込んで引き返させ、その依頼は首尾よく達せられた。

バ・モオ博士の自伝『ビルマの夜明け』によれば、彼は自分の生命を守るためには日本軍を頼るしかないと決心しており、チャウメの日本軍駐屯地の構内に自ら入って行って、部隊長との面会を求めた。

対応に出てきた憲兵隊々長、森大尉に身分証明書の代わりに先のカレンダーを示して、反英運動が原因で投獄されていたのだが、日本軍に助けを請うため脱獄してきたいきさつを話した。森大尉は写真と本人を見比べて納得すると、元首相をあたたかく迎え入れてくれたという。

またこの大尉の計らいで、離れ離れになっていた妻と、ナウンチョウに残っていた家族と兄一家も救出し、呼び寄せることができた。バ・モオ博士は、兄のバ・ハン博士と話し合い、メイミョウを経てマンダレーへ向かった。森大尉の率いる憲兵隊が護衛についた。

二　中央行政府

すでにそのころ日本軍の勢いに屈して、英軍援助のためビルマに入っていた一部の中国国民党政府軍は東方へ、英印軍はインド方面に撤退しつつあった。しかし両軍共、通りすぎてゆく村々で略奪をしては民家を焼き払ったり、婦女に暴行を加えたりしていたので、ビルマの民衆は恐れおののいていた。

それに加えて、こともあろうに、日本軍と行動を共にしていたビルマ独立義勇軍（ＢＩＡ）の一部の者が、権力に乗じて村民に同様の被害を与える事件が相次いだ。ＢＩＡは行く先々でメンバーを募集しては隊員を増加させていたため、教育と訓練に行き届かない面が多々あったのであろう。南機関が育てたこのＢＩＡは、その配下で行動を共にしていたとはいえ、日本軍とは最初から摩擦が生じていたのだが、ここに至って両者の関係はますます悪化してしまった。

このようなＢＩＡの現実を知って呆然としたバ・モオ博士は、早速タキン党幹部でＢＩＡ司令官のタキン・アウン・サンと会い、事態収拾対策を相談し始めた。日本側も同時に動き始めた。

そのころＢＩＡは、ビルマの中部と北部で約一〇〇〇〇人、南部で約二〇〇〇〇人、それに加えて、日本軍の占領区で軍が通り過ぎた後、無政府、無警察の状態に陥る危険を防ぐための別働隊として護郷軍約一五〇〇〇人という大所帯になっていた。権力を悪用したのは、主として護郷軍の隊員に多かったという。

そこで第十五軍の飯田祥二郎軍司令官は、一九四二年六月、まず南機関を解散し、次いで機関長兼ＢＩＡ最高総司令官であった鈴木敬司大佐を近衛師団司令部付に転出帰国させた。七月にはＢＩＡ縮小の命令を下し、隊員から若くて優秀な人物のみ三〇〇〇名を選んで残し、あとの者には退職手当を与えて解雇した。さらにビルマ独立義勇軍（ＢＩＡ）をビルマ防衛軍（ＢＤＡ）と改名、最高指揮官には、去るにあたって鈴木大佐が要請していたとおり、タキン・アウン・サンを指名したのであった。このＢＤＡは翌一九四三年八月、「ビルマ独立」に伴い、ビルマ国民軍（ＢＮＡ）と再度改名されて引き続き日本軍の指揮下で活動した。

日本軍は首都ラングーン入城後より、第十五軍を中心に新生ビルマの指導者兼首長としてふさわしい人物を物色していた。

防衛庁防衛研究所戦史室の『ビルマ攻略戦』によれば、軍は那須義雄参謀副長に命じ、平岡閏造大佐をはじめとするビルマ事情に精通する人々の意見、および第十五軍に協力していたタキン・ミャと、タキン党の長老コオ・ドオ・フマインなどのビルマ側の意見を聞かせたところ、全員一致でバ・モオ博士を第一人者として推したという。

そこで一九四二年八月一日中央行政府を開庁、バ・モオ博士をその長官に任命したのである。

『ビルマ攻略戦』には左のような那須義雄第十五軍参謀副長の回想を載せている。

中央行政府というのは、前にも述べたように、英総督統治下の政府の再現ではなく、まったく新しいビルマの政府として、これまでの内閣とはちがったものだとの感じを一般民衆に持たせたかったのだが、ビルマ政府というわけにはいかず、「内閣的」なものとして上司の了解をとりつけたのである。

したがって、この行政府は英訳すればGovernmentではなくAdministration of Burmaでなければならないが、ビルマ側ではガバーメントを訳語として使用し、また各部長官も大臣すなわちMinisterと呼ぶことにしていた。

軍としては、ビルマ側が右のような呼び名で満足するならば、それでもよいといった態度で、訳語にまでとやかくいわなかったが、このところは飯田軍司令官の腹芸ともいうべきものであった。

日本軍の意図とビルマ側の認識のずれが明確に示されている発言である。

三　「ビルマ独立」

バ・モオ夫人ドオ・キン・マ・マと子供達は、憲兵隊に保護されていたバ・モオ博士と共に、マンダレーから汽車でラングーンにもどっていた。

一九四三年八月一日、ついに日本軍はビルマを「独立」させて、バ・モオ博士を国家代表兼首相に任命した。国防大臣にはタキン・アウン・サンが指名された。バ・モオ博士は国家代表兼首相の地位に着くと同時に首相公邸を与えられたが、彼はこれを辞退し、ハミテージ通りに自宅を構えて家族と共に住むことにした。この「ビルマ独立」は、「大東亜共栄圏」という日本のアジア諸国に対する帝国主義的支配を故意に理想化する美名にすぎなかった。

バ・モオ首相は、熱心なナショナリストであったと同時に、非常に名誉を重んじる人物でもあった。日本占領下とはいえ、それなりの合法的「独立」をしたビルマ政府の首相に推されたことを光栄と名誉とし、全身全霊をあげてすべてを対処してゆくことが、新生ビルマに対する義務だと信じていた、と自伝の中で述べている。

これに反しアウン・サンは現実は冷静に受けとめるが、先を見通す彼独特の聡明さを有していた。南機関とＢＩＡに全面的に協力しながらも、常に批判的であった。日本から与えられたこの「独立」は、彼の目指す真のビルマ独立とはほど遠いものであることを充分認識した上で、国防大臣の椅子に座ったと見られる。

独立の式典はビルマ方面軍司令部で午前十時から行われた。雨季のさなかで時々小雨がぱらついたが、空は比較的明るかったという。最初にビルマ派遣日本軍最高司令官河辺正

1943年8月1日、ラングーン。ビルマ独立式典に臨むバ・モオ国家代表兼首相

三大将が、日本の軍政撤廃を宣言する布告を発表した。

その後、祭典の会場をバ・モオ首相が使用を辞退した国家代表官邸に移し、独立準備委員会が解散宣言をし、ビルマ国民を代表する建国議会が設立された。この建国議会は早速、ビルマが独立、主権国家になることを宣言、新憲法を制定したこと、バ・モオ博士を国家代表に推戴することを発表した。つづいて日本、ビルマ双方の軍人および民間人多数の出席者の前で、就任式が行われた。ビルマの独立宣言文が朗読され、バ・モオ首相に閣僚の宣誓が述べられた。

午後、日本軍司令部は国家代表兼ビルマ最高司令官であるバ・モオ首相に、ビルマ防衛軍司令部と関連軍事組織をすべて委譲した。枢軸諸国と他の同盟国にビルマの独立が通告され、これらの国々はただちにそれを承認した。さらに、日本ビルマ同盟条約がバ・モオ国家代表と新しく駐ビルマ日本大使に任命された沢田廉三氏との間で調印され、最後は祝宴で終了した。

一九四三年十一月五日、東京で大東亜会議が開催された。日本の東条英機首相、ビルマのバ・モオ国家代表、フィリピンのラウレル大統領、タイのワン・ワイタヤコン殿下、南京国民政府の汪精衛行政院長、満州国の張景恵国務総理の六か国の代表が出席した。自由インド仮政府首班スバス・チャンドラ・ボース氏も、オブザーヴァーとして参加した。バ・モオ国家代表は、ウー・トン・アウン戦争協力相、ウー・ティ・モン駐日大使、ウー・シュエ・ボオ外務次官、および秘書官としてボウ・ヤン・ナインを引き連れての訪日であった。

翌六日、これらの代表と日本政府が大東亜宣言を発表した。アジアの民族解放、共存共栄自主独立、各民族の創造性の尊重、経済安定、人種差別撤廃など、よいことづくめをうたって大東亜共栄圏諸国の団結をはかるという内容であった。しかし、この年すでに日本はアッツ島玉砕に始まり、ニューギニア、ガダルカナルの全滅で、戦局は大きく傾きかけていたのである。

四　ティンサの結婚

ボウ・ヤン・ナインは前述したように、一九四一年、アウン・サンのアモイゆきの資金、五〇〇チャットをドオ・キン・マ・マから受け取るために、初めてバ・モオ家を訪問したが、その後しばらくは接触の機会がなかった。

しかし、一九四二年中央行政府が設立されると、彼はバ・モオ長官の国防担当秘書官兼近衛師団長に抜擢され、翌一九四三年ビルマ独立後もバ・モオ国家代表兼首相にひきつづき同じ形で採用されて多忙をきわめるようになった。そうして職務上バ・モオ家に足しげく出入りする機会にめぐまれたので、ティンサを含む全家族と自然に親しくなっていった。

ボウ・ヤン・ナインが最初にティンサと直接口をきいたのは、バ・モオ家のテニス・コートであった。以前から何と感じのよい娘なのだろうと思ってはいたものの、彼はこの時初めて自分がティンサを見初めていたことに気がついたという。まだ女学校高学年の学生であった彼女は、蕾のような初々しい美しさを全身にたたえていた。

ティンサを思う心は燃えたが、妻に欲しいと申し出る勇気はとてもなかった。悩んだ末、一九四四年が明けてまもなく、思いきって友人を介してバ・モオ夫妻に自分の気持を伝えてもらった。夫妻はボウ・ヤン・ナインに日頃から好意と信頼をもっていたため、ただちに快い返事がかえってきた。ティンサ自身は、本当は大学進学が希望であったのだが、非常時下大学が閉鎖されていたのであきらめざるを得ない状態にあったこともあり、若く頼もしいこの青年の愛を素直に受け入れたのである。両親と当人双方からの快諾を得たボウ・ヤン・ナインは文字通り天にも昇る心地でよろこびにひたったという。

二人は四月に正式に婚約発表をおこない、晴れて婚約者同士としての楽しいつき合いが始まった。

一九四四年六月二十三日、バ・モオ国家代表兼首相の長女ティンサと、国家元首付国防担当秘書官兼近衛師団長ボウ・ヤン・ナイン少佐の結婚式は、元英総督公邸において盛大

ハイビスカス

にとりおこなわれた。

雨季に入っていたので、バ・モオ夫妻が天気をコントロールできる能力をもつといわれる専門家にガドープエという祈禱をしてもらっていたため、式の当日は見事に晴天となったとティンサはいうが、いかにもビルマらしい話である。

真紅のハイビスカスが咲き揃った式場の庭には、午前十時からビルマ政府の要人、日本軍幹部、両家の親族、友人らが二〇〇人以上招待されて出席していた。花嫁ティンサは、父が見立てて仕立てさせてくれた金糸織りのブラウスとロンジーに、銀色のジャケットを羽織った。花婿は正装の軍服を着用していた。

結婚式は、先ずポウンニャーと称するバラモンの司式者三人が花嫁花婿につきそう。庭の奥まった場所にしつらえられたステージの小卓には銀の壷が乗っている。この壷を前にして立った花嫁花婿が右手と右手を重ねるとポウンニャーの一人が手に持つ白い長い布でこれをぐるぐる巻きにする。巻かれた二人の右手が銀の壷の上にかざされると、二人目のポウンニャーが金の壷に入った聖水をその上からかけてゆき、下の銀の壷がこれを受ける。これが式のハイライトで新婦十七歳、新郎二十六歳の若い夫婦が誕生した。

この手重ねの式の直後、三人目のポウンニャーがほら貝をブォーッ、ブォーッと吹き鳴

1944年6月23日、ラングーン元英総督公邸
ボウ・ヤン・ナインとティンサの結婚式

らして、ティンサとボウ・ヤン・ナインが晴れて夫婦になったことを出席者一同に報せる。一方この間、役を仰せつかった若者数人が、コインの入った金紙銀紙のおひねりを来客に向かってまく。運のよい人は、おひねりを開くとコインの代わりに本物の小さい金の塊をみつけることができる。このパフォーマンスはいわば引き出物くばりと言ったものなのだそうである。

一八八五年まで存在したマンダレーのコンバウン（アラウンパヤ）王朝は、代々王の即位式、結婚式その他重要な儀式には、すべてバラモンの司式者に式を司らせていた。バ・モオ首相は国家代表すなわち元首として、あえてこの王朝の習慣を娘ティンサの結婚式のために準備し、右のような式を挙げさせたのである。彼女は嬉しそうに事情を説明した。ビルマの庶民の結婚式も花嫁花婿が手重ねの式は行うが、バラモンの司式者は呼ばない。

式が終了すると、庭の中央にいくつも用意されてあった大テーブルに数々のご馳走が並べられて、レセプションが始まる。ぐるぐる巻きを解かれた新郎新婦も来客に加わって次々と祝福を受ける。幸せをかみしめながらも、身分の高い来客との挨拶はいかばかり気疲れが大きかったことであろうか。途中、ウ・ポオ・セインという有名なダンサーのショウもあり、レセプションは夕方まで続いたという。

翌二十四日は、うちうちの親戚と友人のみの祝宴を開いたが、こちらはかたくるしくないパーティーだったので、ティンサもボウ・ヤン・ナインもくつろいだ気分で共に楽しんだそうである。

この二日間の行事のあと、新郎新婦は数か月の間、ハミテージのティンサの父母の家に共に住み、その後、近くの別邸に新居をかまえて新婚生活を送ったという。ボウ・ヤン・ナインは、結婚式後まもなくミンガラドン士官学校校長に任命され、ビルマ国民軍の仕官養成という重要な任務が与えられた。

五　ビルマ国軍の反乱

一方、ボウ・ヤン・ナインの栄転と、ティンサとの甘い新婚生活の背後では、戦局の急激な悪化が進んでいた。

当時、第十五軍司令官飯田祥二郎中将は、各占領地の防衛と、ビルマ官民の協力態勢を調えることが軍の任務遂行の根本と考えて、それに専心していた。ところが一九四三年九月、突如「東部インド進攻作戦の準備をせよ」との南方軍命令を受けて唖然とした。彼は第十八師団長牟田口廉也中将や第三十三師団長桜井省三中将などの意見を確かめた上、この作戦が日本軍にとって如何に困難で不利益であるかを説いて再三再四反対意見を表明したが無駄であった。

ついに一九四四年三月、無謀にも東部インド侵略を目的とするインパール作戦が開始された。食糧も武器も補給されぬまま、ビルマ北西部のチンからインドのマニプールにかけての密林をさまよい、川を渡ろうとして流されてしまう者、栄養失調と脱水状態で死を迎える者、戦わずして命を落とす兵士が続出した。その上、戦力をもり返してきた連合軍の空爆からはなんとか逃れても、地上で敵軍に遭遇すればひとたまりもなく壊滅した。

このようにいずれの部隊も悲惨極まる全滅に近い打撃を受け続けたため、ようやく七月に作戦停止命令が出たが、このころには連合軍と中国軍の反撃はいよいよすさまじくなり、各都市は連日の爆撃で痛手を負い、日本軍は至る所で敗退を余儀なくされた。

また、日本の南方戦線においても、一九四四年二月にはマーシャル群島のクェゼリン、ルオットの守備隊全滅、六月にはサイパン島の悲劇、七月にはグァム、テニアンが陥とされ、更に十月にはレイテ島沖海戦の大敗北があった。

これらの状況を把握したビルマの若者達の一部は、もともと日本軍に対して反抗心を持っていたのだが、ここに至って日本を全面的に見捨て、反日運動に走る者が相当数出てきた。彼らは完全な地下活動で着々と準備をすすめていった。元タキン党の多い共産党、人民革命党、および両党の影響を受けた将校らによって、一九四四年八月、ひそかに「反ファシスト人民自由連盟」（ＡＦＰＦＬ）、ビルマ語略称「パサパラ」が発足した。

パサパラの議長にはアウン・サンが、政治担当委員には地下共産党組織の代表格タキン・ソウが、また書記長には同じく共産党系のタキン・タン・トゥンがそれぞれ就任した。因みに「反ファシスト人民自由連盟」のファシストとは日本軍を指す言葉である。アウン・サンとタキン・タン・トゥンが前者は国防大臣、後者は農林大臣として揃ってバ・モオ内閣の閣僚であったことは、首相をかくれみのにして地下での抗日運動をすすめるのに非常に好都合であった。

根本敬著『アウン・サン』には、その時のバ・モオ首相の立場について左のように記されている。

バ・モオは地下活動にはいっさい関わらなかったが、ビルマの公安筋から入ってくる抗日準備に関する情報はすべて握りつぶし、日本側にけっして伝わらないようにしていた。バ・モオにとって地下活動の情報が日本側に渡ってしまうことは、日本軍に自らの監督責任を問われる状況を生み出すので、何としても食い止める必要があったことは確かだが、一方で自分のあずかり知らぬところで抗日運動がすすめられていくことは不安であり不愉快なことであったろう。結局タキンたちはバ・モオと距離をおきつつも、地下活動の推進においては彼の「善意」に依存する格好となった。ここに両者の対日姿勢をめぐる役割の「相互了解構造」があったとみなすことも可能である。

またパサパラが設立されるずっと以前からビルマ共産党はインドの英国側と連絡をとっていたという事実が『アウン・サン』には書かれている。一部の要約は次のような内容である。

ビルマ共産党のタキン・ソウは、すでに一九四二年ＢＩＡがビルマに進軍した当初から反日の姿勢をとっており、当時のアウン・サンに対してさえ、彼の心の奥を読み切れずに、日本と手を組んでＢＩＡの筆頭に立って活動している事実に疑惑を持っていた。そこでタキン・ソウは日本の軍政が敷かれるとすぐ、仲間のテイン・ペイとティン・シュエの二人をインドに脱出させて連合軍との接触にあたらせた。英国側はその頃インド国内での反英運動になやまされていたところだったので、これに対峙するためインド共産党を利用しようとしていたのだが、ビルマから脱出してきたこの二人の共産党員にも利用価値ありとして受け入れた。

次第に信用を得たこの二人は、英国戦時内閣に直結した特殊作戦局の下にある一三六部隊に配置されて反日宣伝に従事するようになった。この部隊は、旧英領地域の抗日運動に関する情報収集、相互連絡、およびゲリラ活動の支援をする特殊部隊であった。

テイン・ペイとティン・シュエは一三六部隊に所属したため、連合軍の動きをある程度把握できたし、英国側はこの二人を得て連合軍の宣伝が容易になったのみならずビルマ情勢を得るのに役立った。しかも一九四三年十二月にティン・シュエがひそかにインドとビルマを往復することを許されたため、アウン・サンやタキン・ソウには自分達が連合軍側に認められ一三六部隊で働いていることを伝え、連合軍側にはビルマ平野部で連合軍と協力して抗日運動を行う意志のあることを伝達することができた。

一九四四年初頭には、連合軍とビルマ側タキン党系ナショナリストとは一三六部隊を介して間接的な連絡がとれるようになった。またビルマ側から連合軍のもとに秘密裏に軍事訓練を受けにいく者が四〇名ほど出て、彼らは一九四五年一月パラシュートで武器と情報を持ってビルマへ無事戻った。

パサパラのメンバーが、ともするとすぐにも蜂起したがるのを、アウン・サンは英国が下ビルマまで反撃してきて勝利をおさめるまで辛抱強く待たせた。その間、反日運動の秘密を固く守ったまま、各所属部隊において日本軍の命令に従って行動するよう指示した。

しかしついに一九四五年三月十七日、アウン・サンは反日の火ぶたを静かに切った。彼の巧妙な手口は最後まで見事であった。彼は前以て三月四日に、ビルマの国軍軍事最高顧問の桜井徳太郎少将を訪ね、「苦境にある日本軍支援のために、各地前線へ国軍部隊を出陣させたい」と申し出て許可を得た。

そして三月十七日、いよいよ出陣式の日がくると、ラングーンのシュエダゴン・パゴダ西側広場で、日本軍司令官、日本軍幹部の歴々、バ・モオ首相をはじめとするビルマ政府の大臣と要人の前で、正装の軍服姿の国軍兵士に整然と分列行進を行わせた。アウン・サン自身は、これらの兵士に対してビルマの歴史に残る有名な演説を行った。その中で、「我々ビルマ国軍は、これから我らの『敵』を打ち倒すために勇躍各地前線に出陣するのだ」と巧みに「敵」という言葉を用いた。「敵」とは常に英軍のことであったから、この時、並みいる来賓は日本側もビルマ側も誰一人気にもとめなかった。ところが実はアウン・サンと部下達の間では「敵」という言葉はファシスト日本軍を指す暗号だったのである。

この暗号の命令を受けとめた兵士達は、何事もなかったように、各地に散っていった。アウン・サンも上手に姿をかくした。そして三月二十七日、突如ペグーでビルマ国軍の日本軍に対する攻撃が開始され、同時に各地でいっせいに反旗がひるがえされた。虚をつかれた日本軍はにわかには何が起きたのか分からず、あたかも飼犬に手を噛まれた状態となり、混乱をきわめた。

一方バ・モオ首相は、反日運動がすすめられていたことは把握していたものの、何月何日に蜂起するかはいっさい感知していなかったから、ペグーおよび各地での反乱開始のニュースが入ると非常なショックを受けた。ただちにこれを鎮圧するために、急遽ボウ・ヤン・ナインに命じて五〇〇人の兵士をメイッティラに向かわせたのだが、彼は途中ですっかり混乱して、部隊を解散してしまったため、何の役にも立たなかったとバ・モオ首相の自伝に書かれている。彼としては、非常に親しかったアウン・サンはじめ「三十人志士」を含むタキン達に、バ・モオ首相の娘婿であるが故にただ一人見放されてしまっていたのであるから、何も言えないその心中は如何ばかりか複雑であったろう。

すべてを極秘の中に運んだアウン・サンは、さすがバ・モオ首相に対して気がとがめたのであろう、左のような手紙をプロームに隣接するシュエダウンから送っている。

親愛なるアディパティイジー（国家代表閣下）

ここへ来る前にお会いできなくて残念です。私は急いでことにあたらねばならぬ事態におかれていたのです。――中略――

私は演説で申しました通り、事態を救うために全力を尽くします。今日は私どもにとって暗たんたる日々です。日本軍はすべて意図したところと諸目的から手をひきつつあります。そしてビルマでの戦争がモンスーン以前に終っても驚くに足りません。とにかく、私は日本を責めようとは思いません。――中略――

戦争があろうがなかろうが、平和であろうがなかろうが勝利の日まで民族の独立を求めるわれわれの戦いは続けなければなりません。私は全力を尽くします。きっと今は、私のことを貴方は誤解なさるでしょう。でも信じてください。しばらくすれば、私がいったことの意味することをご理解いただけるでしょう。――中略――さしあたっての貴方が最悪の場合に備え、貴方の線でできることを何でもなさるよう望んでおります。

オン・サン《ママ》

これはやはりバ・モオ首相の自伝の訳本からの引用である。手紙の差出人「オン・サン」とは、当時日本でアウン・サンのことをオン・サンと表記し発音していたのを訳者が用いたのである。いささか支離滅裂なところがあるが、英軍に寝返らねばならぬ事情と日本軍への義理との板ばさみ、バ・モオ首相に無断で決行したうしろめたさ故の苦しみがにじみ出ている。実はこの手紙はすぐには届かず、ずっと後になって入手したとバ・モオ首相自身が述べている。

この事件に先立って、前年一九四四年十一月、バ・モオ首相は日本国から勲一等旭日桐花大綬章という外国元首に与えられる最高の勲章を授与されていた。その直後小磯首相から「天皇陛下へ叙勲のお礼を申し上げるように」とのことで、国賓として日本訪問の招待がきた。バ・モオ首相はこれを受けて、戦争協力大臣ウー・トウン・アウン、外務次官ウー・チョウ・ニェイン、秘書のコオ・コオ・ジーを伴って、危険極まりない空の旅を続けて訪日した。

東京は一年前とすっかり変わって暗い町になっていた。連日、米国の空襲におびやかされていた。しかし政府の要人たちは口々に、米国の進攻を防ぐための最高最後の手段としての神風特攻隊のことを、自信を持って説明するのであった。彼は帰途台湾の特攻隊基地に立ち寄り、じかに特攻隊員に会い、飛び立ってゆく姿を見送ったので、国家に対するこれほどまでの完全なる犠牲精神に素直に感銘を受けてしまった。帰国後、神風のことを会う人毎に報告したと自伝で述べている。

さて、天皇陛下の拝謁、晩餐会のあと、バ・モオ首相は小磯首相に次の三点を要請して帰国した。

一、ラングーン、その他ビルマの都市を再び戦場にしないこと。ことに首都ラングーンのシュエダゴン・パゴダは絶対に守って欲しい。

二、ビルマ国軍は近代兵器を持たされていないので、それらを持つ敵軍と前線でじかに戦わせないこと。背後での抵抗運動その他で協力させて欲しい。

三、日本軍に協力してきたビルマ人とその家族に保護と補償を与えて欲しい。

帰国後は前述のように事態が急転直下し、バ・モオ首相の苦しみは頂点に達したのである。

第三章　逃避行中のティンサの出産

一　ラングーン撤退通告

一九四五年四月ビルマの正月とされる水祭りが終わり、雨季の始まる直前の、一年で一番蒸し暑い季節に日本軍司令部はついにラングーン撤退を決定した。

すでにマンダレーは英軍の手中にあり、ビルマ北部の各地から南へ南へと悲惨極まりない敗走を続けていた日本軍各部隊を見捨てざるを得なくなった上での決断である。その上、英軍の反撃が予想外の早さで南下しつつあり、ラングーン北方八〇キロのペグーまで進攻すればモールメイン方面への陸路唯一の逃げ道さえ失ってしまうため、一刻を争う苦渋の選択でもあった。

日本軍司令部は、この撤退決定を四月二十二日午後バ・モオ首相に通告し、翌二十三日夜、憲兵隊本部前から出発する旨を伝えてきた。丸一日にも満たない短時間に、大家族のバ・モオ家は脱出の準備にてんてこ舞をした。夜を徹して荷物をまとめ、家族を引き連れて約束の時間に憲兵隊本部に集合すると、そこにはバ・モオ首相と家族用に乗用車二台が用意されていた。一族が出発前に石射猪太郎駐ビルマ大使から知らされて驚いたのは、日本軍司令官と軍の要人はすでに飛行機でラングーンを脱出、一時間もかからないでモールメインに安着していたという事実であった。

バ・モオ首相はその時の怒りを「彼らがやったことは、われわれをほとんど完全に無視したことだった」と自伝にあらわに表現している。

一家は与えられた二台の車に分乗し、他の閣僚たちとその家族を合わせて数十人はボロボロのトラック数台に乗り込んで、夜も大分更けてからラングーンを出発した。飛行機を用意してくれなかった日本軍司令部は、さすがに気がひけたのか、自分たちが祭り上げて首相にしたバ・モオ一家および同行に同意した閣僚たちと家族一同のために、ビルマ政府軍事顧問の平岡閏造大佐を護送指揮官とし、森田守大尉の率いる憲兵隊と、森中将を隊長とした一個小隊を護衛につけた。

この大逃避行には、当時の駐ビルマ日本大使石射猪太郎も一行に加わった。この事実は

旅人も利用する素焼きの壺の飲料水

日本国大使でさえ軍用飛行機に乗せてもらえず、軍司令部から無視されていたことを物語っている。

この切迫した事態を前にして、ティンサは臨月のおなかを抱えていたので、バ・モオ夫妻の心配は大変なものだった。知人の看護婦に折り入って頼み込んで同行してもらう手筈が調い、なんとかティンサも一緒に出発することができた。

ティンサの夫ボウ・ヤン・ナインはミンガラドン士官学校の校長の職にあったが、日本側の手中にあるバ・モオ首相の娘婿という立場上、反日地下運動の主要メンバーの信用をまったく失っていた。親しかったアウン・サンにも見放されていて、肝心の三月二十七日のAFPFLの反乱決行も事前に知らされないでいたわけである。彼は結局バ・モオ一家と行動を共にする他すべもなく、この逃避行に加わった。しかし、ティンサは夫がついてきてくれるので心強く思ったという。

また、バ・モオ首相の兄バ・ハン博士一家もこの逃避行に同行した。

二　モールメインへ

モールメインはラングーンの南東三〇〇キロの地点にあるのだが、陸路ではマンダレー街道をいったん八〇キロほどペグーまで北上し、少し先のパヤヂーからモールメイン街道に入って迂回する形で南下する一本道があるのみである。

ラングーンを出発した一行は、灯りを消した車を連ねてペグーまでは順調に走ったが、モールメイン街道に入ったとたん、ペグー附近の日本の非戦闘部隊が多数のトラックに分乗して南下を続けている行列に割り込んだ形となった。退却する日本軍と反英活動のため当時ビルマ国内に入っていたインド国民軍の車も加わって、文字通りの一寸きざみのノロノロ運転をせざるを得なかった。

ペグーの郊外の小さい集落で一日滞在したのは、英空軍の爆撃が始まって昼間の移動が危険だったからである。バ・モオ首相はここからペグーの町が英空軍の爆撃を受けて火焔が上がるのを見たし、機関銃の音も聞いた。彼はその時目にした光景を自伝に書きとめている。

この間、足をひきずってやってくる二、三の日本兵があった。彼らは病人や負傷者で全面撤退に参加できないため、自分でできるだけついて行くべく取り残されたものたちだった。夕方、トラックが出発する時私は、これら見捨てられた人たちの一部がトラックに必死によじ登ろうとしているのをトラックに乗っている将校たちが振り落とし、彼らがくじかれ、道ばたにあえぐまで押し戻したり、蹴ったりしているのを目撃した。最もやりきれなかったのは、彼らのそばを通るどの車も、全然彼らに見向きもしなかったことだ。彼らの運命がどうなったか私は知らない。私は同行した日本人将校にこの憐れな人々に注意を向けさせようとしたが、彼はこの連中の面倒をみるのは自分の仕事ではないと答えた。

この日以来、移動は日没後から明け方にかけてのみ行われた。ウォーという町にある渡しでのシッタン川の渡河を長時間順番を待ったあげく、命がけで渡った。月夜の晩は何度か敵機の機銃掃射を受け、その都度街道わきの茂みに命からがら逃げこんだ。

食事は粗末ながら護衛官が沿道の民家からなんとか調達してきて、ひもじい思いだけはしないですんだが、多数の車やトラックの行列の間を傷病兵の群れがボロボロの布を汚れた体に巻きつけ、食物も得られず、息も絶え絶えの姿をひきずって歩いてゆくのを見ると、自分達への処遇が申し訳ない気分になったとティンサは言う。

三　ティンサの出産

逃避行が始まって五日目、四月二十七日の夜ティンサは産気づいた。ちょうど一行がチャイトウ村に差しかかった時だったので、ここの村人に事情を話すと、空家になっていた一軒家に案内された。そこは空家というより住人がしばらくの期間他所に出かけている留守宅だったので、水あり、薪あり、夜具あり、台所道具ありで、バ・モオ夫妻も夫のボウ・ヤン・ナインも、もとよりティンサも心からありがたいと思ったという。

ティンサは二十八日の明け方、この仮の宿で無事にかわいい女の子を産んだ。同行の看護婦の励ましと適切な処置のおかげで初産にしては軽いお産だったそうである。護衛官の中には軍医が一人加わっていたが、ティンサは「お産には役に立たなかったわ」と笑っていた。産着その他新生児と産婦に必要なものはドオ・キン・マ・マが手落ちなく揃えて荷物に入れておいてくれた。

ティンサの予後のため、一行は三日三晩この村にとどまった。そしてバ・モオ一家はイェマと名付けられた生まれたての赤ちゃんと産後の母親をいたわりながら、再び苦しい旅を始めたのである。

一行は三日後、ようやく目的地モールメインに到着した。ラングーンからモールメインまで普通なら一日の行程であるのに、ティンサの出産があったとはいえ、十日以上かかったのである。一年中暑い南ビルマの気候の中でも、最も激しい猛暑の時期のこの長い逃避行は筆舌に尽くせぬ苦労の連続であったことだろう。

せっかく目的地に着いて安心したのもつかの間で、モールメインにとどまることは危険であると判断され、数日後には更に約三〇キロ南のムドンという町に一行は移った。

四　カンボジアへの脱出

バ・モオ首相一家は民家を借り上げて、ひとまずムドンに落ちついた。他の一行も、いくつかの借家に入った。

一同は相談を重ねた結果、ムドンに入って数日後、左の三つのグループに分かれて、それぞれ異なる行動をすることに決定した。

一、バ・モオ首相とボウ・ヤン・ナイン、閣僚たちとその家族はムドンにとどまる。石射日本大使もこのグループに入る。敗戦近しといえども、まだビルマ政府は存在しているのであるから、これらの人々は国内のこの地で、ことの善処を最後まで計らなければならないという結論が出たからである。

二、バ・モオ首相の兄バ・ハン博士と家族は、モールメイン近海のバルー島（鬼が島の意）に避難する。

三、ドオ・キン・マ・マをはじめバ・モオ家の家族一同は、平岡閏造大佐が随伴して鉄路バンコックに向かい、更にそこから陸路カンボジアに脱出する。

これらの決定に従って、ムドン到着後四、五日過ぎたころ、バ・ハン博士らがバルー島へ出発し、ドオ・キン・マ・マと家族一同はバ・モオ博士とボウ・ヤン・ナインに別れを告げて、ムドンの南三五キロのタンビューザヤッ駅から泰緬鉄道でバンコックに向かった。

この泰緬鉄道は日本軍の命令で造られたもので、ビルマのテナセリウム地方に位置するタンビューザヤッから、タイ側のノンプラドックまでを結ぶ全長四一五キロの鉄道である。大量の兵士と物資を運ぶ目的で造られた。

一九四二年七月に工事を開始して、翌一九四三年十月に開通したという突貫工事であった。しかし、「世紀の記録」とまでいわれたこの鉄道敷設の陰には、多数のビルマ人、マレー人、インドネシア人の強制徴用者および英国人捕虜の苛酷な労働と多大な犠牲があった。ビルマに関するだけでも、日本側の発表で四八〇〇〇人、ビルマ側での発表では推定八〇〇〇〇人の死者が数えられている。その上この鉄道建設には、ラングーンとマンダレー間複線の片方のレールをはずして使用したため、現在に至ってもこれら二都市間の複線は半分しか復旧していない。有名な映画『戦場にかける橋』には英国人捕虜の苦難と犠牲が描かれているが、ストーリー上、強制労働者は省かれていた。因みに日本の兵士も数百名の死者を出している。

あたかも無数の人柱で建設されたともいえるこの泰緬鉄道で、いやしくも一国の首相をつとめた人の家族が亡命の途につくのは、まことに皮肉な運命であった。後述するが、バ・モオ首相自身も日本の終戦を知った後、この泰緬鉄道でタイに逃れたのである。

ティンサによると、泰緬鉄道の乗り心地は決して悪くなかったし、乗り合わせた敗走途上にある日本の兵士たちが非常に親切にしてくれたそうである。ひざの上ですやすや眠るイェマを彼らはかわるがわるのぞき込んではニコニコし、目を覚ませばまだ反応しない新生児であるのにあやそうとしてくれた。ティンサは、「この兵隊さんたちにも、国に幼い子供がいるのではないかしら」と思い、彼らが無事祖国に着きますようにと心の中で祈ったという。生まれたばかりの平和な赤ちゃんの姿は、切羽つまった事態に直面している人々をもやさしい気持にしてくれたのであろう。

ジャングル内の曲がりくねった渓谷伝いにレールは続き、時には断崖絶壁の上を危なげに走る列車にスリルを感じつつも、ところどころに存在する日本軍駐屯地で停車した。これらの小休息の地で、一家は顔を洗い、トイレを使った。いずれの施設も至って粗末な小屋ではあったが塵ひとつ落ちておらず、清掃がゆき届き清潔な状態であった。きれい好きなドオ・キン・マ・マはこのことに非常に感心し、日本人への尊敬の念を深めたとティンサは言う。

無事にバンコックに着いた一行は、ここで数日ホテルに滞在し旅の疲れをいやした。平岡大佐が逃避行資金の中からいくばくかのお金をティンサたちに与えたので、着のみ着のままに近かった一家は、必要な衣類が入手できて、ようやく小ざっぱりとした姿をとり戻した。小さいイエマもかわいいベビー服と清潔なおむつに包まれて、ティンサもドオ・キン・マ・マもほっとしたという。

バンコックは戦争を忘れさせるような華やかな町で、衣類も食料も豊富にあった。戦火でズタズタにされたビルマに比し、タイは同じ戦時下とはいえ、一度も戦場にされなかった。つらい逃避行を重ねてきたティンサたちには、あまりにのどかで、夢の国に連れてこられた感があったそうである。

充分休息をとった一行は再び平岡大佐に伴われて、陸路と川の旅を続けてフランス領のインドシナ、現在のカンボジア領内にあるコンポンチャムという町に移動した。平岡大佐が如何なる方法で見つけたのかは知る由もないが、ともかく彼の手配でコンポンチャムの郊外にある大きな農園に一家は落ちついた。

ここはあるフランス人が経営していたチーク植林専門の農園だった。しかし経営者はすでに日本軍に捕らえられて不在であったため、広大なバンガローも、残されていた現地の使用人もそのまま利用させてもらえることになったのである。食料その他の日用品はいっさい不自由なく購入できた。幼い弟妹たちはのびのびとチーク林の中を走りまわって遊んだり、風通しのよいテラスで心地よく勉強をした。ティンサ自身も暇な時には、バンガローに残されていたフランス語の本を拾い読みしたという。ムドンに残る父と夫の身は常に案じられたが、ティンサはこの仮の住まいで八月半ばすぎ日本の敗戦を知るまで家族と共に平穏に過ごした。

五　日本敗戦とバ・モオの亡命

ムドンにとどまっていたバ・モオ首相とボウ・ヤン・ナインは、石射大使から総くずれとなった日本軍各部隊の悲惨な敗退の状況や、太平洋方面の戦局の末期的状態の情報を次々と告げられて、胸を痛め途方にくれるばかりであった。

八月に入ると更にポツダム宣言を日本が受諾すべきか否かという話や、広島と長崎への原爆投下のニュースが入ってきた。目の前が真暗になった思いをしている矢先、十二日午後ムドンにおける最初の英空軍の機銃掃射があった。この攻撃は、よりによってバ・モオ首相の宿舎が狙い撃ちにされ、蜂の巣状になるまで徹底的に破壊された。幸いバ・モオ首相はボウ・ヤン・ナインのとっさの機転で、女性用のロンジーを被せられていち早く壕内に退避し、九死に一生を得た。実をいうと、敵機は前日にもムドンの上空に現われたのだが、不思議なことに何の攻撃もせずに、低空飛行で何回も何回も旋回をくり返して引き揚げていったのである。「この時、英軍はバ・モオの命を狙って、用意周到な偵察をしたにちがいない」と生前のボウ・ヤン・ナインは言っていた。

この銃撃事件の翌十三日、石射大使は東郷外務大臣から、「日本はポツダム宣言を受諾することに決定した。よってビルマ政府の今後の身の振り方はビルマ側に一任するように」という内容の電報を入手した。大使は、モールメインの郊外にあるジャングルに逃げ込んだ名のみの日本軍司令部の残留組に一応相談した結果、バ・モオ首相に対し日本へ亡命するようすすめることにした。彼は最初これに強く反対して、あくまでもムドンにとどまると主張したが、石射大使の必死の説得についに亡命を決意した。

八月十四日、日本の敗戦は確実となった。十六日未明、実質的には首相ではなくなったバ・モオ博士は、ボウ・ヤン・ナインと数名の随行員を伴って、四か月前ドオ・キン・マ・マとティンサたちが出発したタンビューザヤッ駅から泰緬鉄道でタイへ向かった。

自伝には書いていないが、純粋なナショナリストであったが故に、ひたすら英国からのビルマ独立を願って日本に頼ってしまった自分の判断が如何に甘かったか、バ・モオ博士の胸中には深い悔恨の思いが満ちていたことであろう。

ボウ・ヤン・ナインも一度も口外したことはないが、三月二十七日いっせいに抗日蜂起した同志たちから一人蚊帳の外に置かれ、祖国独立を願う熱い心は彼らと同じであるにもかかわらず、義父とこのような形で行動を共にせざるを得ない自分自身にいかばかりか複雑悲痛な思いであったろう。

しかしこのような場にのぞんでも、バ・モオ博士とボウ・ヤン・ナインは誇り高い紳士であった。「たとえ日本がどのような惨めな国になろうとも、一度命を預けて『ビルマ独立』を達成させてもらったのであるから、いかなる事態に遭遇しても、我々は日本を裏切ることだけはしまい」と心に誓っていたのである。

八月二十二日、バ・モオ博士はボウ・ヤン・ナインを家族の疎開先コンポンチャムに残して、サイゴンから台湾経由で危険を覚悟の上、日本へ飛んだ。米国が日本本土の制空権を把握する予定の二十五日以前、また、マッカーサーが日本に進駐する三十日以前に到着しなければならない時間との争いでもあった。

第四章　疎開先と亡命先からの帰国

一　ティンサたち一同カンボジアより帰国

実はバ・モオ博士は日本へ亡命する途上、たっての願いを日本軍に許可されて、ひそかに妻子に別れを告げるためコンポンチャムの農場を訪れていたのである。

彼は久々に会えた家族一同に先ず自分の日本行きをあまり心配しないようにと言いわたし、一同にはひとまずバンコックに出てビルマに戻る機会を待つようにすすめた。思案に暮れていた平岡大佐も、博士のこの言葉に救われたように同意した。ボウ・ヤン・ナインは博士に同行していたが、ここコンポンチャムで日本へ発つ義父と別れ、ティンサたちに合流して共に帰国のチャンスを待つことになった。「父の行き届いた計画だった」とティンサは言う。

ティンサは父と夫の四か月振りの元気な姿に接してほっとすると同時に、敗戦国日本への亡命の旅に先を急いでそそくさと発っていった父を、母と共に案じて言い知れぬ不安にかられた。一方、思いがけず夫ボウ・ヤン・ナインが心細かった女子供の一行に加わったことは、うれしい限りであった。しかし当の夫は、常に行動を共にしてきた義父バ・モオ博士からとり残され、しばし呆然自失の有様だったという。

一家は八月末、バ・モオ博士の言葉に従い、平岡大佐と共にカンボジアを後にしてタイへ向かった。大佐の計らいで、コンポンチャムから首都プノンペンまでは舟でメコン河を下った。行楽の旅なら、水をわたる風は涼しく、両岸の緑の自然を眺めつつ楽しい一家団欒の川下りであったろうが、ティンサ夫妻とドオ・キン・マ・マ、そして平岡大佐の心中は不安に満ちていた。幼い弟妹たちだけが無邪気にはしゃいでいた。プノンペンからバンコックまでは汽車の旅に変ったが、大人達は平静をよそおい、子供達の前では努めて明るくふるまったとティンサは語る。

ラングーン脱出以来、常に行動を共にし、家族一同の面倒を見つづけてきた平岡大佐は、彼が探し出したバンコック市内の一軒家に一家が落ちつくのを見届けると、ティンサたちの今後を在タイ日本大使館に頼み、カンボジアにひき返して行ったとのことである。

信頼できる手づるを探せないまま、帰国の機会を待つバンコックでの一か月が過ぎようとしていた頃、突如英国人レット大尉がやってきて、有無を言わせずボウ・ヤン・ナインを英軍駐屯地へ連行拘留し、家族一同は自宅軟禁とされてしまった。理由は一切伝えられなかった。それから約二週間後、拘留中のボウ・ヤン・ナインを二人のビルマ人が訪ねてきた。この二人はボウ・ヤン・ナインの大学時代の教授と友人であった。驚いたことには、彼らはバ・モオ博士の行方をただしにきたのであった。とっさにこの二人が意図するところを察した彼は、「バ・モオはビルマ国内のジャングルに逃げた」と答えたが、幸いそれ以上追及されなかった。おそらく英軍に強制されてやってきた彼等は、ボウ・ヤン・ナインに同情し、形だけの質問で帰っていったのであろう、とティンサは察した。その後、彼は昼間だけは家族のもとで過ごしてもよいという許可を得たのである。

明けても暮れても、一家にとって帰国の方法をいつどこに求めるのかが唯一の関心と心配の種であったが、我慢強く聡明なドオ・キン・マ・マと、しっかりしているがどこか楽天家のティンサはくじけることはなかった。このような状態のなかでも、赤ちゃんのイェマは、豊富に出るティンサの母乳を無心に吸ってすくすくと育っていった。

この年も終わりに近づいたある日、突然、在ビルマ英総督からティンサ一家に、「直ちに帰国せよ」との命令が下ったと大使館員が伝えてきた。ダコタ機を二機チャーターし、家族全員の搭乗はもとより、戦火にさらされたラングーンでは物資の入手が困難であろうからと、バンコックの生活用に買い調えてあった衣類、日用品、台所道具などすべてを積み込むように、という計らいであった。これらの品々は帰国後、ゼロから出発しなければならなかった一家に非常に役立ったとティンサは言っている。

ラングーンにもどると、脱出前バ・モオ一家が住んでいたハミテージ通りの家は英軍に接収されていたが、幸い間もなく返還された。ドオ・キン・マ・マとティンサの弟妹たちはその懐かしい家に入り、ボウ・ヤン・ナイン夫婦もイェマと共に加わった。こうしてバ・モオ博士を除く一家全員が、多難な一九四五年を送り、無事に新しい年一九四六年をラングーンの自宅で迎えることができたのである。

二　バ・モオ博士の亡命生活と帰国

一九四五年八月二十二日、バ・モオ博士は駐ビルマ日本大使館参事官北沢直吉に伴われてバンコックから台北へ飛び、一泊した。その夜、彼は夢の中で亡き母が現われ、しきりに壁の時計を指差す姿を見た。その時計の針は丁度十二時半を示していたので、バ・モオ博士は翌日日本への飛行中、自分がその時刻に死ぬのを母が予告したのではないかと本気で思ったと自伝に記している。しかし、二十三日台北を飛び立ち、米機を避けるため迂回し、中国沿岸を北上して北側から立川飛行場に無事着陸した時刻が、まさに夜半の十二時半であったそうである。敗戦直後、制空権を完全に失っていた日本の飛行機で移動することが如何に危険極まるものであるのか、パイロットから再三聞かされていたというバ・モオ博士が抱いた恐怖の心理的現象が、この母の夢となったのであろうか。

すでに二十四日と日付が変っていたその夜、バ・モオ博士は闇の中に浮かび上がる一面焦土と化した東京の街を驚嘆の目で眺めながら、陸軍参謀本部に車で送られた。そこで彼の亡命に責任を持っていた外務大臣重光葵の指示により、今後外務省がバ・モオ博士

薬照寺本堂の建物内に現在も保存されている
「バ・モオ閣下亡命記念の部屋」

の面倒をみることになったと告げられた。

翌二十五日、バンコックから同行した参事官北沢直吉と外務省政務課長甲斐文比古他二人につきそわれ、バ・モオ博士は超満員の汽車で新潟県六日町に到着した。この町で、彼は翼賛青年団新潟県副団長の今成拓三に引き渡された。その夜遅く、今成につきそわれて新潟県南魚沼郡石打村の薬照寺に連れてゆかれ、その日からバ・モオ博士はこの寺の住職土田覚常とその家族に世話になりつつかくまわれることになったのである。

薬照寺は、寛徳二年（一〇四五年）平

安時代後期に善寿上人によって開山されたという真言宗の寺である。広い境内には薬師如来を本尊とする見事な本堂を始め、京都の東寺五大明王を摸刻させた五体の像を本尊とした護摩堂の他、日本の著名画家や彫刻家、陶芸家の作品が多々展示されている美術館まである。樹齢二〇〇〇年といわれる桂の大木に杉の並木、立派な日本庭園は、夏は緑に輝くが冬は二メートルを越す雪でおおわれる。

バ・モオ博士は本堂の奥まった日本座敷を与えられ、住職と家族、今成に手厚い世話を受けた。この部屋は現在でも「バ・モオ閣下亡命記念の部屋」として、彼の坐像を飾って大切に保存されており、寺を訪れて所望する者には常に公開されている。

彼の自伝によれば、今成たちがバ・モオは家族全員を失った満州の大学教授で、言語障害におちいっている気の毒な人間であるという噂を村中にひろめたため、寺にお参りに来る者が彼を見かけても同情的なまなざしで黙礼し、彼もそっとほほえみ返すのみで、絶対に秘密が漏れることはなかったという。

住職土田覚常は、外出の折にバ・モオ博士が必要とする品を申し出ると、必ず苦労しても入手してきてくれた。また住職の申出により、毎晩博士は住職に英語を教え、住職は彼に日本語を教えて互いの親近感が増した。ある時は、米国人教育関係の役人が村を訪れた折、挨拶を頼まれた住職の英語の草稿を書いたりもした。

こうした隠れ家生活の向こうでは、敗戦国日本が占領軍に統治され次々とマッカーサー司令官の出す命令に屈従している情報を、バ・モオ博士は苦々しく聞いていたという。つい数か月前まで日本の傀儡政権の首相であった我が身の立場を思い浮かべての心境であったろう。しかし、ずっと後年になってからこの事実を振り返り、日本は戦後このようにして歴史的敗北を巧みに新しい現実主義に切り換えて、経済的大発展を遂げたのではないかと、自伝の中で述べている。

さわやかな夏が過ぎ、紅葉の秋が訪れ、やがて冬の足音が近づいて裏日本の寒さが南国生まれの身にしみてくるにつれ、バ・モオ博士はこれ以上日陰の生活を保つことに疑問を抱き始め、ついに彼のプライドがこれを許さない精神状態にまで追いつめられた。そのような折の十二月の最後の週に、外務省から甲斐文比古が彼に会いにやってきた。甲斐の方もバ・モオ博士をこのような形でかくまっているのは限界だと判断していたこともあって、両者の夜を徹しての話し合いは、一刻も早く東京の占領軍当局の英国代表部に自首することが最良の方法であるということで、意見が一致した。

翌日の夜、今成につきそわれたバ・モオ博士は汽車で東京に向かい、次の日、英国代表部のフィッゲス中佐のもとに自首した。彼は最悪の事態も覚悟していたが、予期に反してフィッゲスは彼を丁重に扱い、アメリカ情報部に引き渡した。しかし年明けの一九四六年一月十七日、彼はここから巣鴨拘置所に送られたのである。

巣鴨の拘置所はアメリカ式運営で、米軍将校と同じ食事が与えられ、週一度の映画、清潔な衛生環境に加え、豊富な書物が備えられた図書館の存在は何よりの気晴らしになった。しかし独房は狭くて寒く、夜は読書ができないくらいの暗さであった。彼はこの拘置所で七か月を過ごしたが、最後の一か月は、ある日、課せられた皿洗いの当番に強く反対して拒否したため、汚い独房に移されて食事も極度にひどいものに変えられ、図書館の本さえ利用できなくなってしまった。

暗澹たる気分に落ちこんでいた矢先の一九四六年七月末、フィッゲス中佐が拘置所からバ・モオ博士を連れ出した。彼は博士を英国大使館に伴い、そこで大使が「英国政府は戦時中のバ・モオ博士の罪をすべて赦免する」という指令を読みあげた。その時以来、フィッゲスは博士に対し昔の地位にふさわしい待遇をするようになった。

ついに八月一日、バ・モオ博士は祖国ビルマに帰りつき、ラングーンで待つ家族と再会、彼にとっての戦争はここでようやく終りを告げたのである。

ティンサはこの年、念願のラングーン大学に入学し、英文学を専攻しはじめた。弟のザリ・モオや、すぐ下の妹マラ・モオも大学生となった。下の妹たちや末弟ビンニャはそれぞれ中学、小学校に通って、バ・モオ家一同に再び明るい家庭生活がよみがえってきたのだった。

まもなくバ・モオ博士は、以前から購入してあったインヤレーク湖畔の大学通り八一番地の広大な住宅地に、石造りの美しい洋館を建築して家族と移り住んだ。ボウ・ヤン・ナイン夫妻も、この敷地の奥に簡素な木造家屋を建ててイェマと親子水入らずの生活を始めた。

第五章　ビルマの独立

一　独立前夜

バ・モオ博士とボウ・ヤン・ナインがそれぞれ筆舌につくせぬ苦難を経て帰国したころ、愛する祖国は、一九四五年に復帰した英総督ドーマン＝スミスと独立問題できびしい対決をしていた。主としてアウン・サンを議長とするＡＦＰＦＬ（反ファシスト人民自由連盟。ビルマ名パサパラ）が中心となって交渉をすすめていた。

アウン・サンは、ビルマは単一民族から成る国家ではなく、ビルマ民族から成る「国民共同体」と分離権を持ついくつかの「民族的少数派」によって構成される連邦国となるべきだと主張し、それを実現するために国家経済は社会主義を基本としながらも、議会制民主主義による政治体制を旨とすると説いていた。一九四六年八月末にドーマン＝スミス総督の後任ヒューバート・ランスが赴任した。アウン・サンは一九四七年一月、六人の代表の主席としてロンドンに招かれ、独立容認の意味合いの濃い「アウン・サン＝アトリー協定」を締結した。帰国後ただちにシャン州パンロンに赴き、少数民族の代表を集めて「パンロン会議」を開き、独立のための協力を要請、協定を結んだ。この協定に調印したのは、シャン、カチン、チンの三民族とそれらの関連小民族のみで、カヤー、カレン、モン、アラカンなどからはカヤーとカレンの数名のオブザーヴァーが出席しただけであった。このような不完全な協定は後に諸問題の原因になったのだが、この時アウン・サンは、ともかく独立に一日も早くこぎつけたかったのであろう。彼はまたこの時期、独立に必要不可欠な憲法制定という重要課題にも日夜心血をそそいで奮闘していた。

ところでここにもう一人、独立の暁には万難を廃しても、新生ビルマの最初の首相の地位を獲得したいという燃える野心を抱いた人物が、戦前戦中からひそかに動いていた。ウー・ソオである。

根本敬著『アウン・サン』によれば、彼は下ビルマ、タヤワディ県の地主の息子で、若いころから政治に興味を持っていたという。下級弁護士の資格を得ていた彼は、一九三〇年代、農民反乱事件の農民側の弁護を買って出て一躍有名になったが、たまたまその時施行された補欠選挙で念願の政界入りを果たした。しかも、初代ビルマ人首相バ・モオ博士を内閣不信任案の決議によって失脚させたあと、つづくウー・プ首相内閣で農林大臣の椅子を手にしたのである。ところが彼は一九四〇年九月、この内閣の不信任決議案に賛成票を投じてウー・プを裏切り、植民地政府の首相に就任した。

彼は宗主国英国におもねるため、ビルマ防衛法を利用して「自由ブロック」をはじめとする反英派の人々約二〇〇〇人を逮捕した。その中にバ・モオ博士も含まれており、第一章六節と九節の話につながる。用意万端ととのえたつもりのウー・ソオは、一九四一年十月英国を訪問し、ビルマの自治領への移行をチャーチル首相に迫ったが冷たくあしらわれて不成功に終った。そこで彼は次に米国に赴き、ルーズヴェルト大統領やハル国務長官に英国への説得を懇願したが、これまた上手に拒否された。英国が彼の不純な目的を見抜いて、事前に米国に通達していたのだった。

しばらく米国にとどまって思案をめぐらしたウー・ソオは、十二月初旬、飛行機を利用してシンガポール経由でオーストラリアとニュージーランドへ向かうことにした。ところが給油に立ち寄ったホノルルは、くしくも日本軍が未明に真珠湾攻撃を行った十二月七日の午後であった。足止めをくった彼は、偶然目撃した米国太平洋艦隊壊滅の大惨状から、日本の軍事力の強大さに目覚め、心は急遽日本寄りに変化してしまった。

ウー・ソオは目的地をすばやく変えて、中立国ポルトガルの首都リスボンに飛んだ。ここで英国の敵国となった日本の公使館にかけ込み、平然と宗主国英国を裏切る行為に出た。彼は日本に、対日協力と「自由ビルマ政府」の設立を申し出たのである。驚いた日本公使館は早速本省に問い合わせの極秘暗号電報を打ったが、それはすべて米国に傍受され解読されてしまった。チャーチルは米国からこの内容を知らされると、ただちに指令を発し、一九四二年一月十二日ビルマへの帰国途上にあったウー・ソオをパレスティナのティベリアスで飛行機から降ろして拘束し、エルサレムに連行して取り調べた。彼は嫌疑をすべて否定したが、英国は暗号解読の件は国益上表面に出せなかったため、何の説明も与えず彼を首相職から解任し、英領ウガンダのボンボという小さい町に監禁した。一九四二年二月、ビルマではポオ・トゥンが新首相に就任した。

第二次大戦中をこのようにアフリカの奥地で拘禁されていたウー・ソオは、終戦後一九四六年一月ようやく釈放された。四年三か月ぶりに帰国してみると、若いアウン・サンがナショナリスト代表として英国と堂々と独立交渉をすすめており、彼の出る幕は一切ないという現実が待っていた。

一方パサパラ内では派閥争いが起こり、一九四六年十月には共産党が除名されたこともあって、独立交渉は一層アウン・サン一派と英総督とのやりとりに傾いていった。

前述の一九四七年一月、ロンドンでの「アウン・サン＝アトリー協定」締結の折、ビルマ側の代表には、アウン・サン一派にかたよらない方がよいとの英国側の見解から、このウー・ソオが敢えて加えられていた。ところが彼は、同じく代表の一人タキン・バ・セインと共にこの協定のサインを故意に拒んだ。表面上の理由は、この協定にビルマ主権独立の項目が含まれておらず、単にビルマを英連邦下の自治領とする旨を骨子としたものだったからというが、実際はアウン・サンの独走に対するそねみからであった。

二　アウン・サン暗殺とその余波、そして独立

「アウン・サン＝アトリー協定」締結後、行政参事会は閣議と同等の扱いを受けることになり、ランス総督は会議に出席しなくなった。憲法作成も万端ととのい、五日後には採択

されるという運びになっていた一九四七年七月十九日、土曜日、アウン・サンは凶弾に倒れた。

その日は午前十時半からビルマ政庁の建物内の一室で行政参事会が開催されていた。アウン・サンが定刻に会議開催の宣言をした直後、突如、四人の男が乱入してきてトミー・ガンを乱射、アウン・サンをはじめ、出席者のタキン・ミャ、ウー・バ・チョウ、アブドゥール・ラザク、ウー・バ・ウィン、マーン・バ・カインが即死した。サオ・サン・トゥンは重傷を負い病院に運ばれてから死亡した。計七名の参事会メンバーが命を落としたのである。他にその日の会議に出席中の担当大臣に急用が生じて、たまたま入室していた交通通信局次長のオウン・マウンと、十八歳の守衛の少年コオ・トゥエも射殺された。

ランス総督はこの報に大きいショックを受け、ただちにウー・ヌをアウン・サンの後任として行政参事官議長代行に任命すると同時に犯人究明を要請した。その結果、数日のうちにウー・ソオ、タキン・バ・セイン、バ・モオ博士、ボウ・ヤン・ナインをはじめとする反パサパラ派の政治家を含む一三〇〇人もの人々が逮捕拘禁された。

まもなくウー・ソオとその部下達の犯行と断定された。アウン・サンへのそねみが高じ、その上「アウン・サン＝アトリー協定」のサイン拒否で英国からも疎んじられたのではないかという強迫観念にかられたウー・ソオは鬱憤やるかたなく、ついにこの無謀な凶行に及んだのだった。アウン・サンさえ亡き者にすれば、英国は自分を次期行政参事会代表に選んでくれて、ゆくゆくは新生ビルマ政府の首相になれると信じて疑わなかった彼は、案に相違して逮捕投獄、裁判を経て一九四八年五月八日、四十八歳で死刑台の露と消えた。この事件の真相は、武器入手先の腐敗英軍将校に関してもはっきりしない部分が多々あるといわれているが、ビルマの作家キン・オウンが、Who killed Aung San? に殺害の場面とその前後をリアルに書いている。

このようにして一件落着のように見えたにもかかわらず、バ・モオ博士とボウ・ヤン・ナインはこのあと一年半もの間、中央刑務所での拘禁生活を強いられた。アウン・サン暗殺事件の余波は、ことのほか大きくティンサ一家の上に覆いかぶさったのだった。

ビルマは新たに「ウー・ヌ＝アトリー協定」を経て、一九四八年一月四日、ついに英国から主権を回復し独立した。この新生独立国家の正式国名は「ビルマ連邦」と命名された。初代首相にはウー・ヌが就任したが、早速ビルマ共産党の武装反乱をはじめ、農民解放問題その他の難題に直面しなければならなかった。

バ・モオ博士とボウ・ヤン・ナインは一九四九年に一度釈放されたが、これはぬかよろこびであった。ウー・ヌ政権はその後治安維持法第五条に基づき、予防拘禁と称して再び両人を拘禁、インセイン刑務所に投獄後さらにタウングー刑務所に移送した。

この処置に大きい疑問を抱き、激しい怒りをもったバ・モオ博士の兄、バ・ハン博士とティンサは、人身保護訴訟——何故拘禁したかその理由を示し、被告人を法廷に出頭させて弁明させよ、という訴訟——を起こしたが、その決着を見ないうちに一九五〇年二人は釈放された。両人が拘禁中、ティンサ一家はラングーン市外に出てはならぬという拘束を常時受けていたという。

バ・モオ博士とボウ・ヤン・ナインが獄中にあった一九四七年、留守宅ではドオ・キン・マ・マが末息子ネイター・モオを出産し、ティンサも二女カリヤを十月に生んでいる。カリヤは、かわいい盛りの五歳で急病のため亡くなった。

三　ティンサ一家のしばしの平和

父と夫が出獄し、ティンサ一家にようやく家族全員が揃って家庭生活を送る幸せが戻ってきた。

ティンサは父と夫の投獄事件やカリヤの出産などで、せっかく入学した大学も休みがちではあったが、一九五一年学士号を取得した。卒業試験の時には双子の息子たちがおなかにいたため準備に苦労をしたという。双子の出産後、非常勤助手をしながら大学院にすすみ、一九五三年には修士号を得た。そのまま大学に残り、英語と英文学の講師として一九六五年十月までの十二年間、教壇に立った。

この間に彼女は次々と子供に恵まれ、三男六女の母となった。仕事と子育てに張り切っていたこのころの生活が人生で一番充実していたとティンサは振り返る。

一方、出獄後のボウ・ヤン・ナインは日本との貿易会社を設立して、タケノコの缶詰めの輸出に精を出していた。ビルマでは、ゆでたタケノコを醗酵させる習慣があるので、そのやり方で缶詰めにしたものは日本人の口に合わず、大分苦労をしたようである。

バ・モオ博士は静かに自伝の執筆にとりかかっており、ティンサが呼ばれては清書の手伝いをしたそうである。この自伝は、一九六八年『ビルマの夜明け』というタイトルで、イェール大学出版部から刊行された。

育ち盛りの子供を大勢かかえたティンサは勤めから帰宅すると、玄関兼応接間に使用している板張りの広いヴェランダに机と椅子を並べ、夕食の時間がくるまで、小学生から中学生各学年の息子や娘たちの宿題の面倒を見てやり、予習復習のやり方を一人一人丁寧に指導した。この国の中流以上の家庭では、よく躾けられた手伝いが何人もいるので、夕食の支度は主婦が指示するだけで万端ととのったのだと思う。

ティンサは勉強だけでなく、ヴェランダの前庭に置かれたピンポン台で、子供達にピンポンも教えた。どの子も至って健康で勉強好きに育ったのは、実にこの母ありと言えよう。

このような幸せ一杯の情景から、ティンサ一家のささやかな平和がまもなく終りを告げようとしているのを誰が予想できたであろうか。

第六章　ウー・ヌ政権よりネィ・ウィン革命政府へ

一　ウー・ヌ政権の苦悩

一九四八年一月四日、ウー・ヌは英国からの主権回復を遂げた新生「ビルマ連邦」の初代首相に就任した。ところが早速、一部農民の支持を得て反政府武装闘争を強化する共産党に手をやかされ、苦難の道が始まった。

さらに翌一九四九年一月には、カレン民族同盟（KNU）とその武装組織・カレン民族防衛機構（KNDO）が、ビルマ連邦からの分離を求めてタウングーを拠点として武装闘争を開始し、国軍に籍を置くカレン人将兵までこれに加わった。共産党軍もカレン軍も地方都市を次々と占領し、一時は首都ラングーンが包囲されるという危険な状態にまで追いつめられた。しかし、共産党軍とKNUが全面的には手を結ばなかったことと、国軍からカレン人将兵が抜けたため反ってビルマ民族の軍隊としての結束が強められたこともあって、ネィ・ウィン司令官の指揮下で一九五〇年後半には、ようやく平野部の治安がほぼ回復し、反政府勢力は一部の地域に封じこめられた形になった。

ところが、一難去ってまた一難、今度は中国国民軍の残党が中国本土における毛沢東の共産党政権（中華人民共和国）成立の影響を受けて、ビルマ東北部のシャン州奥地に南下侵攻してきたのである。この残党は米国中央情報局（ＣＩＡ）と台湾政府（中華民国）の支援を受けていたため、ウー・ヌ政権の苦悩は深刻であった。

これらに加えて、ウー・ヌ政権はパサパラ内においても困難に直面した。与党のパサパラの中心は社会党であったが、ウー・ヌの社会主義に対するなまぬるい態度に反発して、労農党や正義党等の新党を成立させた上、連帯して民族統一戦線（ＮＵＦ）を結成し、一九五六年の総選挙にのぞんだ。しかしかろうじてパサパラの得票率が僅かに上回った。

一九五八年、ついにパサパラは二派に分裂し、ウー・ヌはこれに対処しきれず、同年十月、国軍のネィ・ウィン大将に選挙管理内閣を委ねた。ネィ・ウィンのこの内閣は一年五か月続き、この間に各地の私兵団の解散、地方ボスの取り締りを行い、シャン州とカヤー州の藩主制度を廃止して年金生活者とした。また彼は、ラングーン大学学生同盟の共産党系学生を大量逮捕した。さらに不法居住者の新開地への強制移住を行ったあと、一九六〇年二月総選挙を実施した。

結果として、ウー・ヌが再び首相に返り咲いたのだが、彼はこの頃から上座部仏教の政治利用を強めるようになってゆく。また彼は遅れた経済復興のために社会主義体制を放棄して資本主義的手法をとり入れた結果、国軍の不満を招いた。さらに党内の紛争の収拾もつかなくなり、ついに政治は混迷状態に陥ってしまった。

バ・モオ博士は、前述のようにアウン・サン暗殺の疑いが晴れてまもなく釈放された。その後まもなく米国大使館近くの、バール街五十番地に、兄、バ・ハン博士と共同弁護士事務所を構えた。

ところがバ・モオ博士は弁護士業に励む一方、ウー・ヌ政権下で施行された三回の総選挙のうち、一九五一年六月の第一回と一九五六年の第二回の総選挙に出馬したのである。しかし双方共惨敗であった。かつて英国時代にビルマ初代の首相を務め、さらに日本軍政下の傀儡政府の長官にかつぎ出された博士には高い誇りと自信があった上、独立後の国内のさまざまな混乱にいたたまれなくなったための行動だったのであろう。しかし結果は二回とも不成功に終った。博士はここで初めて、自分が政治家としてはすでに過去の人間であり、現在の祖国の人々には必要とされてはいないという厳しい現実を身に沁みて思い知らされたことと思われる。その後一切政治に手を出さなくなった。

ティンサは夫と共に、博士の心中を隅々まで理解していたのは確実と思われるが、彼女も誇り高き女性であったから、父の出馬に関しては決して語ろうとはしなかった。

二　ネィ・ウィンによる革命政府樹立

一九六二年三月二日、ネィ・ウィン大将率いる国軍がクーデターを起こした。ネィ・ウィンは、選挙管理内閣時に国内統治に腕を振った経験から自信を強め、ビルマの危機を救うと宣言してウー・ヌ政権を倒したのである。彼は国家の全権を奪い、軍人のみで構成された革命評議会を結成、自ら議長となった。憲法と両院議会は廃止され、ウー・ヌ首相をはじめとする主要政治家は全員投獄された。七月にはビルマ社会主義計画党（ＢＳＰＰ）

が発足し、ネィ・ウィンが議長を兼任した。

この政変は「無血クーデター」といわれているが、実は事件当日、自宅の屋根の上から戦車を眺めていたシャン連合州ニャウンシュエの藩主、サオ・シュエ・タイッの息子で十一歳の少年が下から国軍兵士に射殺されている。

さらに四か月後の七月七日には、ラングーン大学学生連盟の建物を拠点として国軍の政権奪取反対運動を続けていた学生数十人を国軍兵士が射殺、加えて翌日、多数の学生が室内にいるのにもかかわらず大学学生連盟の建物を爆破して多くの若者の命を奪ったのである。

ネィ・ウィンは一九一一年、下ビルマのプローム県の公務員の息子として生まれ、プローム市の高等学校卒業後、一九二九年にラングーン大学に進学したものの、成績が芳しくなく、希望の医学部に進めなかったこともあって、二年で退学、郵便局員として働き始めた。そのころから民族運動に興味を示し、タキン党に入党したが役職は与えられなかった。

一九四〇年半ば、ネィ・ウィンは思いがけず南機関に望まれて、後の「三十人志士」の一人として海南島で日本軍の厳しい軍事訓練を受けたのが、軍人として歩み始める第一歩となった。この年の十二月八日、太平洋戦争勃発とともに、これら三〇人の青年を中心としてバンコックで募ったビルマの若者達を加えたビルマ独立義勇軍（ＢＩＡ）が結成されると、彼は大佐に任命されて、ひたすらビルマの独立を願いつつ日本軍と共に祖国に進攻したのである。しかし四歳年下のアウン・サンより階級も役職も下に置かれていて、大した活躍ぶりは見られなかった。

日本軍のもとで思うように動けなかったＢＩＡは、そのなやみを持ちつづけながら、ビルマ防衛軍（ＢＤＡ）と名を改めさらに、日本軍政下の「ビルマ独立」に伴ってビルマ国民軍（ＢＮＡ）と再度改名した。

やがて日本軍の敗北が重なり、日本軍に従っている限り絶対に英国からの真の独立は望めないとさとったアウン・サンが、一九四五年三月二十七日ついに抗日運動を起こして英側に寝返ると、ネィ・ウィンはこの抗日戦に加わった。そして五月、連合軍が首都ラングーンを奪還した後、ＢＮＡは植民地ビルマ軍（正規のビルマ軍）に吸収された。彼はこの時、少佐に格下げされたにもかかわらず、同軍に残ったのである。八月十五日の終戦後は准将に昇進したものの、アウン・サンを中心とする対英独立交渉の仲間に入ることはできなかった。

予想もしなかったアウン・サンの暗殺事件から半年、一九四八年一月四日ビルマはようやく英国からの独立を果たし、正規ビルマ軍は独立ビルマの国軍となった。ここでネィ・ウィンは待望の副司令官に就任して、初めて軍人として頭角をあらわした。

このころの国軍はカレン人や親共産党のビルマ人将兵を多くかかえていたため、内乱が起きると四〇〇〇人ものカレン人将兵は自民族の解放運動に参加しようと、軍を去ってしまい、ビルマ人将兵も共産党反乱軍に鞍替えする者が八〇〇人余に達し、急激に力を失ってゆく状態にあった。

ところがネィ・ウィンは、あたかもこの機に乗ずるが如く中将に昇進し国軍最高司令官に就任した。その上、ウー・ヌの信用があつく、副首相に任命されると、内乱収拾に全力をそそいだ。彼は同時に国軍内の「ビルマ化」をはかり、ＢＩＡ時代からの部下達を重要ポストに配置し、反乱軍討伐で手柄を立てれば即座に出世させて、着々とネィ・ウィン体制を構成し、ついにクーデターを起こすに至ったのである。

ネィ・ウィン体制は、いわゆる「ビルマ式社会主義」と称して、「人間同士の搾取のない社会」を目指し、先ずは経済の国有化政策を打ち出した。これは革命闘争を経て社会主義体制に移行した国々が「プロレタリアート独裁」確立を目的におこなった諸産業の国有化とは大きくその動機が異なっていた。ネィ・ウィン体制の経済国有化政策は、今まで経済の実権を握っていた外国人からビルマ人の手に取り戻すという民族主義的意図により出発した改革であって、「経済のビルマ化」ともいわれた。

英国の大資本はもとより、流通と商業資本を動かしていたインド人と中国人の活動を根こそぎ封じ込めようと、彼等を国外追放することに決定したネィ・ウィンは即座に実行に及んだ。これら追放されたインド人や中国人は生涯をかけて貯めた財産を一切持ち出し禁止とされ、空港では厳しい検査がおこなわれ、人々は身体検査までされたのである。しかし追い出されるインド人の中には、その裏をかく強《したた》か者もあった。全財産を純金に換え、その金で大きな鍋や釜をつくり、表面を丹念に煤で塗り固めて真黒にしたものを首尾よく持ち出した者がいたのである。あとに続く者が真似をしようと大騒ぎをしているところに、そのインド人は無事にラングーン空港は通り抜けたものの、祖国インドのカルカッタ空港の税関で見つかり、全品没収されたというニュースが飛び込んできたという悲喜劇まで生じた。

この経済政策は、せっかく部分的ながら成長しつつあったビルマ人の民族資本まで国有化して、ビルマ人企業家を泣かせた。例外は当時の西ドイツの武器工場のみであった。この結果、多数の国軍将校が国有化された企業や商店のトップに天下り、このことが国軍の悪の芽の発生、後の悪の温床ともなっていったのである。

すべてを国有化したものの、国軍は馴れぬ流通組織にうまく対処できず、長期間にわたって一般国民は米、食用油、野菜をはじめ種々の食品や日用必需品の入手の道が絶たれ、大変な苦労を強いられた。ネィ・ウィンは米の輸出をすすめて外貨を得ようと企てたが、これもすぐには軌道には乗らなかった。

庶民に生活の不自由がのしかかってくる経済政策下、またたく間に町のあちこちに闇市がたつようになった。ここには市民の必要とする米、食用油を始めとする品不足の食品一般と日用雑貨はもとより、日本製の電気製品まで並べられていた。しかし値段はいずれも法外に高かったので、人々は金の工面になやまされた。政府の役人達は闇市をきびしく取り締まる一方、実は自分達もひそかにしかも大いに利用していたのは誰の目にもあきらかであった。

しかるにネィ・ウィン政府は、闇屋の不当な利益による膨大な隠匿現金を差し押さえるため、一九六四年五月のある朝、突如、高額紙幣廃貨の命令を発表した。すなわち、当時の高額紙幣一〇〇チャット札（例えてみれば、現在の日本の一〇〇〇〇円札に当たる紙幣）が、実施命令の出された日の午後五時以降、絶対使用禁止ということになったのである。但し、翌日を含む二日間に限って小額紙幣との交換可能という説明があったため、大衆は我先にと銀行になだれ込んだ。しかし早くも、初日の午前中に肝心の小額紙幣が品切れになってしまい、交換は直ちに中止された。この時点ですべての一〇〇チャット紙幣が、事実上ただの紙切れと化したのである。

闇屋が大損をしたのは、確かに政府が目的を果たしたことになるが、日頃銀行を信用していなかった庶民の多くが、自宅にためていたトラの子のたんす預金を失うという巻き添えの悲劇が起きたのであった。しかも、ちまたには政府の要人の大半がこの高額紙幣廃貨の実施を前以て関知していて、被害をこうむらなかったという噂が流れて、人々は一層政府への不信感をつのらせた。

なお、ネィ・ウィンは文化・教育面でも「ビルマ化」に取り組んだ。フォード財団などの文化団体を追放し、出版物、映画、芸術の分野では外国のものを厳しく規制した。その最たるものは外国人入国滞在期間の制限で、最初は二十四時間、次に七十二時間、やがて一週間にまで緩和されたが、これにより外国文化の受け入れ体制は鎖国状態と化した。

市　場

教育に関してもネィ・ウィンの手は厳しく、水準が非常に高かったキリスト教ミッション系の私立校の外国人教師はことごとく国外に追放され、すべて国有化された。さらに今まで高校や大学の教育はほとんど英語でおこなわれていたのをいっせいにビルマ語のみとして、母国語教育に特に力をそそいだので、ビルマ人の英語力はこの時代から急激に低下した。

このように、ネィ・ウィン体制は各分野の改革をあまりに性急におこなったので国民はとまどい、生活に窮する者が多く出現した。また、自国の能力の限界を自覚せず、経済活動や生産活動をすべてビルマ人の手ですすめようと民族主義に固執しすぎたため、海外からの援助に閉鎖的態度をとりつづけて国際社会からとり残されてゆく運命に陥ったのである。

第七章　ボウ・ヤン・ナインの反ネィ・ウィン政府活動

一　革命後のティンサ達

一九四八年一月四日の英国からの独立以来、一九六二年三月二日のネィ・ウィン軍事クーデターまでの十四年間、バ・モオ家とティンサ一家は、第五章でも触れたように戦中戦後の多種多様な苦悩の変遷を経た後、ようやく平穏な家庭生活をとりもどしていた。ウー・ヌ政権下、国の内乱は続いてはいたが、幸い首都ラングーンとその周辺は一時の例外を除いて平和が保たれていたので、人々はそれなりに安定した日々を送っていたのである。

バ・モオ博士は弁護士として市民生活に甘んじ、ボウ・ヤン・ナインは義母ドオ・キン・マ・マが始めた輸出入業を手伝いながら、自らもムドン産のタケノコの缶詰め生産と輸出に精を出していた。

1961年、ラングーン、自宅の庭。後列左よりボウ・ヤン・ナイン、ヤン・リン、イェマ、アマヤ、ティンサ。前列左よりミン・シン、キンサ、ナンダ、ケティ、ヤン・ミョウ

ティンサの弟妹達は大学生活、留学生活を終了すると、仕事をもち、結婚し、海外に出て活躍する者もいて、それぞれ己が道を歩み始めていた。末弟のネィターのみまだラングーン大学の学生であった。

ティンサは大学で英文学を講じながら、一九四七年生まれの二女カリヤを幼くして亡くしたが、五一年にはヤン・ミョウとヤン・リンの双子の男子をもうけた。さらに五二年には三女アマヤを、五三年には四女キンサを、五五年には五女ケティを、五七年には六女ナンダを、そして五九年には三男ミン・シンを出産して大家族を構成していった。

しかし一九六二年三月二日のネィ・ウィンの軍事クーデターによる経済一大改革の波はバ・モオ一家、ティンサ一家にも襲いかかってきたのである。

すべての企業を国有化するという方針で、ボウ・ヤン・ナインのタケノコの会社は早速閉鎖に追いこまれ、ドオ・キン・マ・マの輸出入業もストップをかけられてしまった。バ・モオ博士の弁護士業も思うように仕事が入らず、両家は忽ち経済的困難に悩まされるようになる。

一方ボウ・ヤン・ナインは、かつての「三十人志士」の同志の一人ネィ・ウィンが突如クーデターを起こして政権のトップに躍り上がった上、革命政府の政策で国民をいたずらに苦しめている現状に悲憤慷慨した。この地団太を踏む思いは、やがてネィ・ウィンへの深い恨みに変わってゆき、彼はついに国と国民を救うには反政府運動を起こすしか解決方法はないとまで思いつめるようになった。

彼は三年の時間をかけて、ひそかに同志と資金を集め、タイとの国境にある三仏峠の近くにキャンプを準備した。ネィ・ウィンを快く思わない同志は意外にも大勢いて、各人が極秘裡に東奔西走したので、資金も当分の間キャンプの維持が保てるだけは調達できた。

そこでボウ・ヤン・ナインは、先ずバ・モオ博士に恐る恐るその決意を告げたのだが、意外にも即座に賛成してくれたので、驚きと喜びとでしばし呆然としたそうである。おそらく博士自身も政界からは見向きもされず心の中に鬱憤がつもっていたところに突如起こされた、ネィ・ウィンの革命は何としても許せなかったのであろう。自身に代わって娘婿が戦ってくれようとしているかのように頼もしく思ったのかもしれない。

ボウ・ヤン・ナインは次にドオ・キン・マ・マとティンサに打ち明けた。ティンサは前々から夫の動きと態度から、何かを計画しているらしいとは覚悟をしていたものの、反政府運動のキャンプと聞いて一瞬目の前が真暗になり言葉を失ったという。しかし平静をよそおいながら思わず母の顔をみると、ドオ・キン・マ・マは泰然自若として、

「男の人の政治的野心は、道理に合う限り達成させてあげなければいけません」

とティンサに語りかけ、ボウ・ヤン・ナインを励ましたそうである。ティンサはこの言葉にうながされ、この母がついていてくれるなら、どんな困難でも切りぬけられるだろう……と、夫に賛成の意を表したという。

このボウ・ヤン・ナインの計画は、家庭外はもとより家庭の中でも絶対の秘密が保たれ

た。子供達にも使用人達にも一切もれないように細心の注意がはらわれた。

二　ボウ・ヤン・ナインの失踪と残された家族

一九六五年五月二十九日、ボウ・ヤン・ナインは、ついにその姿をくらませた。雨季のさなか、火炎木の紅の花が濡れた緑に映えるラングーンの町からひそかに消えたのである。家族も誰一人、彼の出てゆく姿を見なかったという。

ボウ・ヤン・ナインは極秘裡に準備したビルマ・タイ国境三仏峠近くのキャンプに首尾よく辿り着き、すでに結集していた同志や仲間と共に早速、「ビルマ連邦党」を結成、旗揚げをした。仲間は短期間に一〇〇〇人近くにも増え、近い将来ネィ・ウィン国軍とゲリラ作戦で戦う準備のため連日厳しい軍事教練が続けられた。

留守宅には一切連絡は入らなかった。ボウ・ヤン・ナインの失踪は、しばらく秘密が保たれていたが、三週間後ついに発覚した。警官が多数屋敷の回りを取り囲み、一人が家の

火炎木

中に入ってきて、ティンサに夫がどこに行ったのか、何をしているのかを聞きただそうとしたが、彼女は「何も知らない」と黙秘を通したので、この時はあきらめて引き揚げていった。

夫の失踪が明るみに出たため、ティンサはこの年の十月、勤務先のラングーン大学を追われて職を失う。彼女はこの時、四男を妊娠していて翌一九六六年一月、ザーニィを出産した。一家の経済はますます苦しくなったが、ドオ・キン・マ・マが宝石を売っては家計をまかなったそうである。

赤児の世話に明け暮れていた同年五月のある早朝、再び屋敷の回りを多数の警官が囲み、一人の陸軍大佐が来訪し、ザーニィを抱いているティンサをバ・モオ博士の家に連れてゆき、取り調べを行った。博士も同日別途取り調べを受ける。両人共、何を聞かれても「知らない」で通した。

翌朝、バ・モオ博士はインセイン刑務所に、ティンサはザーニィを抱いたままミンガラドンのイェ・チィ・アイン軍情報部拘禁施設に連行された。両人共政治犯とされたのである。

次の日からティンサの子供達は通学のゆき帰りはもとより、ちょっとした外出の折にも私服刑事にあとをつけられるようになった。ラングーンに残っている弟妹も、母や叔母もそして使用人でさえ同様に見張られ、一家の自由とプライヴァシィは大きく侵害された。

しかしドオ・キン・マ・マの統率力は見事で、一家の柱のバ・モオ博士とティンサ夫婦がいなくなってしまった家族の一致団結をはかり、苦しい家計もやりくりして、一人一人が仕事と勉学にいそしめるように巧みに舵をとった。

子供達は学校で、ともすると教師や友人から白い目を向けられるようになったが、祖父と父母への尊敬と信頼は少しもゆるぐことはなかった。

第八章　ティンサと家族の投獄

一　ティンサの第一回獄中生活

ティンサが赤児ザーニィと共にミンガラドンのイェ・チィ・アイン軍情報部拘禁施設に連行された時、車の中であたかも重罪人のように頭から大きい布をかぶせられた。彼女は何も悪いことをした覚えがないので、窓外の人々に見られることにひとつも抵抗はなかったのだが、同行の軍人の説明によれば、軍自体が周囲の住民にティンサだと知られるのを恐れていたことが分かった。

一か月間、ザーニィと二人きりの個室が与えられた。入室した翌日、早速母から赤児の着替えやおむつ、そしてティンサにも当座必要なもろもろの品が届けられた。差し入れは週に一回許され、彼女は心待ちにしたという。食物は禁じられていたのだが、毎回衣類の中においしい物が上手にかくされていて、母の愛情がひしひしと感じられたという。

二か月目に広い大部屋に移され、ティンサを含む七人の女性たちが起居を共にするようになった。同室の夫人たちは皆ティンサの知り合いで、各人の夫が何らかの反ネィ・ウィン活動にたずさわっていた関係で、連行されたのであった。夫たちもバ・モオ博士と同じインセイン刑務所に政治犯として入所させられていた。急ににぎやかになり、ザーニィは一同にかわいがってもらったのはよいが、一方、女性同士の会話は一見たわいなく楽しげなのだが、その裏にはうっかりすると巧みな探り合いがあるので、ティンサは言葉に気を使った。

この大部屋の床は板張りで、東側に窓が並び、西側の壁の下には寝具がたたんで置いてあった。個人の荷物用の棚も備えてあり、最小限度の生活設備はととのえられていた。部屋の隣にトイレと水浴室が設けられていて、四月から十月までの厳しい暑さの時期は代る代る水浴びで涼を取った。ここでブラウスを脱ぎ、胸までたくし上げたロンジーを着用したまま、水槽に汲み置いてある水を手桶で全身にかけて汗を流したそうである。

食事は三食部屋に運ばれてきた。朝は色がついているだけのうすくてまずいコーヒーとチャーハンの日が多かった。昼は具のほとんど入っていない味のうすいスープと、野菜いための白飯が三段重ねのアルミのビルマ式弁当箱に入って届けられた。この弁当箱は、直径十一、二センチで深さ約五、六センチの円形深皿が三段重ねてあり、一番上の深皿は蓋付きである。しかも全体をまとめて持てるように取手が工夫されているので簡単に手で下げて運ぶことができる。夕食もこの弁当箱で、おかずはかたくてかみ切れない水牛の油煮に変ってはいたが、あとは昼と同じうすいスープに白飯であった。女性たちはこのうすいスープをナイロン・ヒンジョー（ナイロンの布地のように透けているスープ）と呼んで、苦笑しながら口にしたという。但し日曜日と祭日は娑婆《しゃば》並みの御馳走が出るので大変楽しみにしていたそうである。

半年後、食品の差し入れが許されるようになり、その上、限度はあったが、各人が希望する食物、菓子、果物などをリストにして提出すると購入して届けてくれるシステムもできた。この効果は大きく、ともすればとげとげしくなっていた女性たちの会話は温和になり、くずれがちであった体調が正常に戻った。ティンサは母乳もよく出るようになったので、ザーニィがむずかることが少なくなってほっとしたという。

刑務所生活が一年近くなった一九六七年四月のある日、叔母ドオ・キン・ミ・ミが脳出血のため亡くなったという報せが入った。一生独身でバ・モオ一家のために尽くしてきた母の妹で、ティンサにとっては母同様に世話になったかけがえのない大切な家族の一人であった。葬儀出席のため一日だけの外出が許可された。彼女は万感の思いで叔母のなきがらを見送った。そして、この帰宅の折にすでに母乳を離れてもよい時機になっていたザーニィを母に預けて刑務所に戻った。

母ドオ・キン・マ・マは彼女の片腕として苦労を共にしてきた妹を失ったのだが、悲嘆に暮れている暇もなく、ティンサの子供達全員の世話とティンサ及び夫バ・モオ博士への差し入れの品の準備など、数人の使用人を指揮しながら、その肩にかかるすべての責任を見事に果たしていった。しかも収入の道が閉ざされていたから、その苦労は大変なものであったろう。

二　釈放――つかの間の自由

一九六八年が明けて間もなく、ティンサは何の前触れもなく突然釈放された。バ・モオ博士も同時に自由の身になった。博士は獄中生活がこたえたのか誰の目にも大分憔悴しているように見えた。彼は帰宅を許されると間もなく弁護士事務所を辞めて、兄バ・ハン博士にすべてを任せた。一方ティンサは、やつれもせず至って元気な姿で戻ってきた。

彼女は丸一年半余の留守中に、子供達がそれぞれ大きくなり、父母がいなくともしっかりと育っていたことに感動し、母ドオ・キン・マ・マへの感謝を新たにするのであった。末子ザーニィはいたずら盛りで、一家のアイドルになっていた。長女イェマは大学を卒業して家にとどまっていたが、上手に家族の団結をはかり、いっぱしの主婦のように一同の面倒を見てくれていた。一家の経済は苦しくなる一方であったが、ドオ・キン・マ・マが夫と相談して何か所か所有していた土地を手放しては切り抜けていったという。ビルマは小学校から大学まで教育費は国が持ってくれるので、子供達の進学が続けられるのは幸せであった。

ティンサには女の子が多かったが、貴重な双子の長男ヤン・ミョウと次男ヤン・リンはこの年の九月、揃ってラングーン大学に入学、ヤン・ミョウは薬学をヤン・リンは化学を専攻し始めた。この二人は相変わらず大学のゆき帰りは勿論、他の外出時にも必ず私服刑事にあとをつけられていて、大きいプレッシャーになっていた。しかしこれにもめげず、勉学の方は毎学期優秀な成績を得て母や祖父母を喜ばせた。

ところで、ティンサの従兄にラングーン河川税関長をしているウー・タン・ハンという人物がいた。この人がある日、ラングーン河に誤って落ち、行方が分からなくなった。新聞沙汰になってさわがれたが、ついに遺体はあがらなかった。しかし大分月日がたってから、ティンサ一家へ極秘情報がもたらされ、実は事故をよそおって身をかくし、ボウ・ヤン・ナインの反政府運動のキャンプに加わったということが判明したのだった。

一九七一年八月のある日、ヤン・ミョウとヤン・リンは家人がまだ誰も起床していない早朝に、こっそりと家を出て姿を消した。家中が大さわぎになった。数日を経ても帰宅する気配がないので、ティンサとドオ・キン・マ・マはこの二人が父親の「ビルマ連邦党」に走ったことを確信した。ヤン・ミョウとヤン・リンは、ラングーン河事件のウー・タ

ラングーン郊外の水上寺院

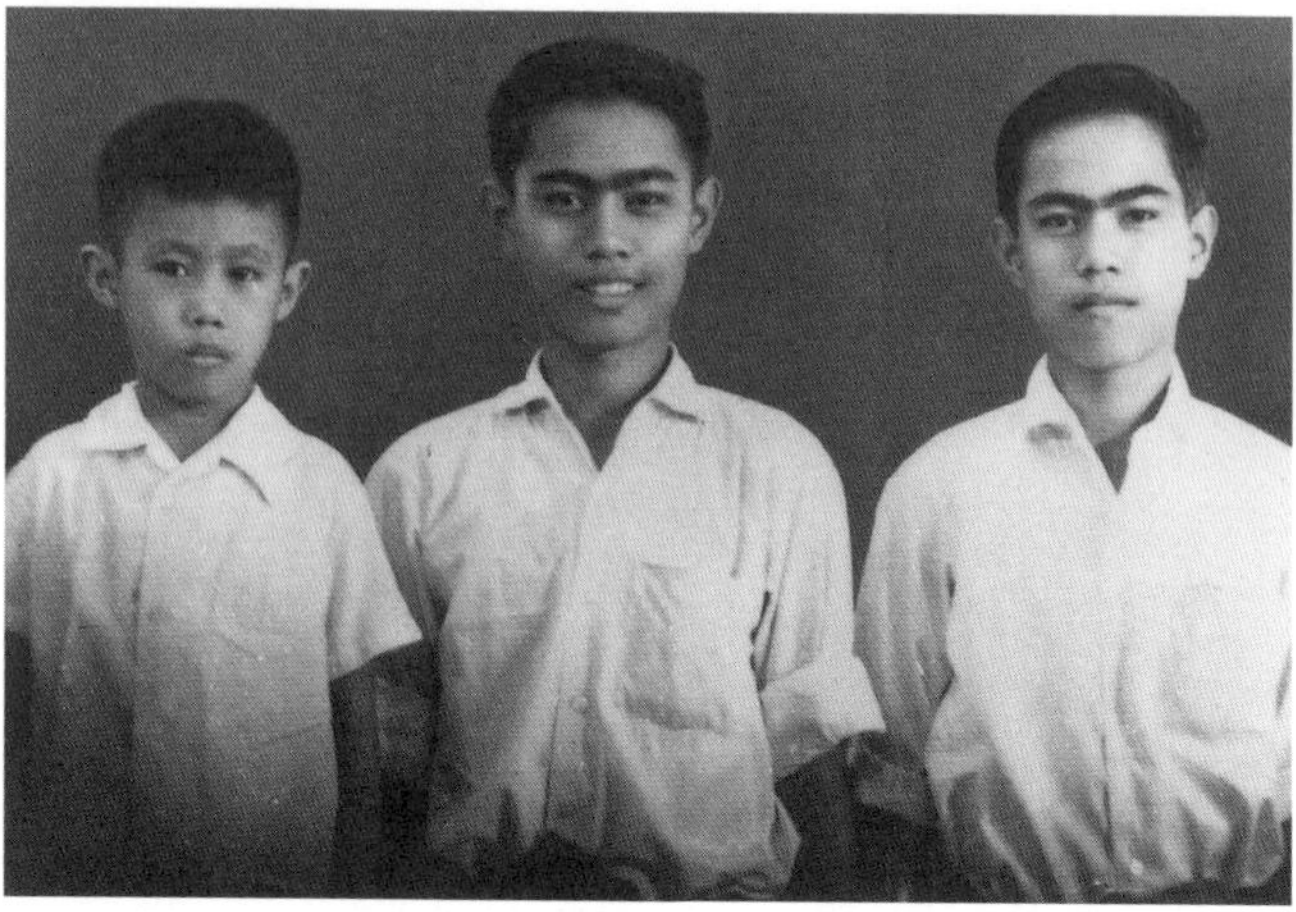

1964年、ラングーン。左からミン・シン・モオ・ナイン、ヤン・リン・モオ・ナイン（双子の兄）、ヤン・ミョウ・モオ・ナイン（双子の弟）

ン・ハンの影響を強く受けていたにちがいないと母と祖母は見抜いていたからである。双子の兄弟はこの時二十歳であった。

後日分かったのだが、二人は後に姉イェマの夫となるウー・キン・ミンにひそかに頼み込み、上手に私服刑事をまいて車で中央駅まで送ってもらい、そこから汽車でモールメインまで南下し、あとは陸路父のもとに辿り着いたとのことだった。父ボウ・ヤン・ナインは非常によろこんで二人の息子を迎えたと、だいぶ後になって風の便りに家族は知らされたが、残されたティンサの心中は如何ばかりであったろう。

彼女は、

「ボウ・ヤン・ナインから反政府運動を起こす決心を告げられた折、共に聞いていた母が動揺する私にさとした言葉を思い出して、じっと耐えました」

と語った。

ヤン・ミョウとヤン・リンの失踪は、幸い数か月の間、明るみに出なかった。大学の長期欠席も「家の都合」だと届け出てごまかしていた。ところが雨季も終った十一月、ついに政府のスパイにより、この二人がボウ・ヤン・ナインのもとに走った事実が報じられてしまった。その翌日、たまたまシュエダゴン・パゴダのお参りをすませたティンサが友人と長い石段を降りてきたところを逮捕された。刑事はさすがにこのまま連行するのは気の毒と思ったのか、いったん自宅に寄って仕度を調えさせてから彼女をイェ・チィ・アイン軍情報部拘禁施設へ送り込んだ。

今回はティンサのすぐ下の妹マラも、末弟ネィター、そして三番目の妹オンマの夫ウー・チャン・トゥーンも逮捕された。マラは勤務先のウィメンズ・ホスピタルの一室をヤン・ミョウとヤン・リンの密談の場として提供していたという疑いで、ネィターは学生運動のさわぎを見物していたところを、ウー・チャン・トゥーンは理由が一切不明のまま捕えられてしまった。ネイターとウー・チャン・トゥーンの連行は、単なるティンサ一家へのいやがらせとしか考えられなかった。

このようにして、双子の兄弟ヤン・ミョウとヤン・リンの失踪のために、一族四人もの拘禁という罰が与えられたのだった。

三 ティンサの再度の獄中生活

再び獄中生活を強いられたティンサは、見知らぬ女性との二人部屋に入れられた。この女性はどうやら夫の反政府的行動により、ここに連れてこられたようだった。おそらく夫も別の刑務所に入っているのであろう。前回ここでの生活で顔見知りになった職員が「また来たのですか」と愛想よくティンサを迎えてくれたのには思わず苦笑してしまったという。

ティンサは翌日から丸一週間、毎朝目かくしをされて訊問室に連れてゆかれた。目かくしを解かれると、調査官と小さい机を隔てて腰掛けるように命令され、一日中厳しい取り調べを受けた。調査官は彼女の表情のこまかい動きを見逃さないため、顔に強いライトを度々当てた。視力を失ってしまうのではないかと恐ろしくなるほどのまぶしさだったという。訊問の内容は、「ヤン・ミョウとヤン・リンの行く先を前以て知っていたのか」とか、「ボウ・ヤン・ナインが二人を呼んだのではないか」とか、「双子の息子の大学や家庭内での行動に母親として不審な点がなかったか」とか、ティンサが「いいえ」と「存じません」としか答えられない質問をしつこいほど繰り返した。思うような返事が得られない調査官は、次には家に残してきた子供たちの生活にも触れる訊問をして、母親としての彼女を心理的に追いつめようとした挙句、「本当のことを答えているかどうか、家の子供達にも聞くぞ」とおどしたりもした。

訊問室の廊下側の一隅に、この部屋にはおよそ似つかわしくない華やかな色彩の花模様が焼きつけられている姿見大の鏡がはめ込まれていた。ティンサは訊問の最初の日から、調査官が度々この鏡に目をやる不自然な動作から、これが以前読んだイギリスの推理小説に出てくるマジックミラーで、常時窓外から観察されているにちがいないと気づいていた。毎日この部屋と自室のゆき帰りに一々目かくしをされる理由も分かった。目を開けて廊下を通れば、花模様の鏡の廊下側は中が丸見えのガラスであることが判明してしまうからである。

尋問中の毎日の昼食は、この部屋まで運ばれてきたので、彼女はまずい弁当を一人で食べた。相変わらずの「ナイロン・ヒンジョー」は口に運ぶ気持も失せて、フィンガーボールの代わりにして食前に指を洗うことにした。「マジックミラーの向こう側で見ていた職員はどう思ったでしょうね」とティンサはいたずらっ子のように肩をすくめてみせた。

訊問の一週間が終了すると、あとは同室の女性と大した会話もない退屈な日々が待っていた。本や新聞の差し入れ禁止の規則がティンサにとって一番悲しく辛いことであったが、母からの包みには毎回衣類の中に少量の干肉や干魚がしのび込ませてあったし、ある時、小さい鍋が隠されていたことから、彼女は料理をしてみようと思いついた。

獄内では毎日、午前と午後の二回、一五分ずつ庭内の散歩が監視付きで許されていた。女性だからと安心しているのか、よそ見ばかりしている見張りの目を安々とくぐって、ティンサは毎回落ちている小枝を拾ってはエンジー（ブラウス）の下に隠して持ち帰って室内にためておいた。その小枝が一定量にたまったのを見計らって、彼女は板張りの床が入口の一部だけコンクリートであるのを利用し、その一隅で缶詰めの空缶の裾に穴をあけ、先ずぼろ布に点火してから細かく折った小枝をくべて火をおこした。そこへこれまた庭で拾って大切にとっておいたさびた針金を用いて五徳を作ると、小鍋を乗せて獄内で購入した野菜と母からの干物を合わせて、ごく簡単な一品を作るようになった。このままごとは結構楽しく、同室の無口な女性もいそいそと手伝い始め、鍋に入ったままの料理を一緒に味わい、次第に打ちとけて互いに笑い声さえ立てるようになった。見張りの目をかすめながらの秘密のクッキングは、スリルに富んでいて面白く、現在でも獄中の唯一の楽しい思い出となっているそうである。

ティンサという女性は非常に聡明でしっかり者なのだが、このようなたわいもない冒険を思いついて実行してしまう楽天家の一面がある。この興味深い人柄が、著者の目には次々と押し寄せてくる苦難の大波を乗り越えてはけろりとしている不思議な魅力の持ち主に見えてしまうのかもしれない。

翌一九七二年七月末、母危篤の報が入った。許可が出て、この年の始めから同室となっていた妹マラと急いで帰宅した。枕許に立つと、母は高血圧からくる心臓発作で口もきけない重態であった。姉と妹はなすすべもなく数時間母のわきにいただけで、夜には強制的に獄舎に連れ帰らされた。

母はそれから十日後、この世を去った。宿泊はもとより火葬場への葬儀の列に加わることも許されなかった。ティンサとマラは、両側から父バ・モオ博士の手を握りながら式にのみ出席して、その日のうちに刑務所に戻った。父は二人が予期していた以上に深く落ち込み、すでにその体はパーキンソン氏病にむしばまれ始めていた。姉妹は後髪をひかれる思いで家をあとにしたという。

ドオ・キン・マ・マ亡きあとの家族の世話一切を健気に引き受けたのは、ティンサの長女イェマであった。

一九七四年一月、独立祭の直後にティンサとマラは釈放された。別の刑務所に入れられていたネィターとウー・チャン・トゥーンも同日自由の身とされた。投獄以来丸二年と一か月が過ぎていた。

この年の三月二日、ビルマ政府は新憲法のもとに名目上の「民政化」に踏み切り、国名をビルマ連邦からビルマ連邦社会主義共和国と改め、ネィ・ウィンは大統領に就任した。

第九章　バ・モオ博士の永眠

一　カウ・ビジネス

二年余のティンサの留守宅を見事にまもってくれた長女イェマは、家に戻った母に、ウー・キン・ミンという計画財務省勤務の青年と結婚したいと申し出てきた。ティンサと彼女から相談を受けたバ・モオ博士は、「ボウ・ヤン・ナインの帰りを待ってから」とも思ったが、何年先のことか知る由もないので、快く承諾した。ウー・キン・ミンはティンサ達の家に一緒に住むことになり、男手を失っていた一家の柱になってくれた。しかしこの結婚によってボウ・ヤン・ナインの娘婿となった彼は、即座に計画財務省の職を追われてしまった。

この頃、一家の経済は底をついていた。貯蓄はとうの昔に使い果たし、売れる物はすべて売りつくしてしまっていた。その上、ボウ・ヤン・ナインの反政府運動が原因で「非国民」というレッテルをはられた一家は、折角大学を卒業した娘達も誰ひとり職を得ることができなかった。世間はもとより、ともすれば親しかった近隣の人々のなかからも冷たい視線を浴びせられることもあったのである。

そこで、ウー・キン・ミンがティンサとイェマに提案したのが乳牛の飼育である。彼女達の承諾を得た彼は何とか資金を工面すると、先ず六〇〇〇㎡はある広い敷地の一角に牛小屋を建てた。次に八頭の見事な乳牛を入手し、一人の男性をやとい入れて牛の世話と乳しぼりをさせるように手配すると、彼自身はそれらの監督を引き受け、さらにミルクの販売先を獲得した。

当時、ラングーンでは新鮮な牛乳の入手は不可能で、在住外国人の家庭では粉ミルクやエヴァ・ミルク、またはコンデンス・ミルクなどで間に合わせていた。たまに手に入る「フレッシュ・ミルク」と称するものは水牛の乳で、きれいなピンク色をしているのだが味も香りも牛乳とは異なり、飲みつけない者には口にするのがむずかしかった。この地域一帯は外交団の住宅が多く、アメリカ大使館館員の集合住宅地であるワシントン・ハイツ

もバ・モオ博士の屋敷と同じ通りに存在していたので、ウー・キン・ミンの熱心な営業活動には確かな手応えがあり、しぼりたての牛乳の注文は殺到した。

毎朝五時に世話係の男性がミルクをしぼり終えると、彼とウー・キン・ミン、そして手のあいている家族も手伝って、新鮮なミルクは早朝のうちに得意先に配達された。評判は非常に良く、購入先は増える一方で生産が間に合わなくなるほどであった。そこで徐々に乳牛の数をふやし、ついにその数は二〇頭にまで及び、世話係も二人にして需要に応えた。ティンサの称する「カウ・ビジネス」は大いに当たって、一家の経済を十分支えてゆく収入が得られるようになったのである。

日本では首都東京の高級住宅街で牛を飼育するなど、あり得ない話であるが、バ・モオ家の敷地は、通り二本に挟まれた広大なものであったし、近隣の住宅もそれぞれ相当の広さを持つ庭を有していたので、おそらくどこからもクレイムが来なかったのであろう。また日本では、かつての一国の首相の家庭が庭で乳牛を飼育して、ミルクで収入を得ようと考えつくことはおそらく皆無であろうが、ビルマではどんな身分の人が商売を始めても、それがまともなものでありさえすれば誰も後ろ指を差すようなことはしない。この国の人は男女を問わず、必要があればいつでもビジネスを始めるすばらしい勇気があり、それを見まもる回りの人々にはあたたかい大らかさがある。ティンサは何の屈託もなく「カウ・ビジネス」の話をくわしくしてくれた。

二　悲報

一九七四年、ティンサが出獄して間もない日、三男ミン・シンがいつの間にか姿を消した。双子の兄達を追って父のもとへ行ってしまったのである。この時、ミン・シンはまだ十五歳で、さすがのティンサも胸を痛めた。少し後になって分かったのだが、父ボウ・ヤン・ナインも戦いに加わらせるのには余りに幼かったため、思い余ってバンコックに滞在してひそかに反政府運動をサポートしてくれていたティンサの弟ウー・ザリ・モオの所へ彼を送った。ウー・ザリ・モオは思案の末、在米の妹ティーダ・モオに連絡、バンコックに迎えに来させ、ミン・シンをアメリカに連れて行ってもらった。こうして彼は思いがけず叔母ティーダのもとで米国の教育を受けることになった。

ミン・シンの事件こそあったが、ようやく一家が生活の安定を得て一息ついていた頃、人伝てに長男ヤン・ミョウが一九七二年マラリヤに倒れ、すでに父のもとで永眠していることをティンサは知った。二年も遅れて耳に入った情報に、彼女は到底信じ難い思いであったが、ちまたには、「実はこの死は自殺であった」という噂まで流れていたのである。この噂によれば、

ヤン・ミョウは父の意気に感じ、その活動を助けるために勇躍ジャングル内のキャンプで父と合流した。厳しい軍事訓練を受け、前線でも戦うようになったが、政府軍の反撃は強く、次第に負け戦が多くなり、実際の戦闘よりも内部での政治論争ばかりに走るようになった父や幹部の人々に失望し、かつ軍規が乱れて中には麻薬に手を出す兵士まで出てくるのを目撃し、前途を悲観して自らの命を絶った。

というものである。余りにも酷な話なので、著者にはティンサに聞きただす勇気はなかった。

悲報は重ねてティンサに届いた。一九七五年のある日、ラジオ放送の政府発表のニュースで、「反政府運動を続けているボウ・ヤン・ナインの次男ヤン・リンは政府側の兵士に

よって射殺された」と報道されたのである。

ティンサは頭の中が真白になり、一瞬思考力を失ったという。大切な双子の長男と次男は、いかなる苦難にも打ち勝って、いつの日か必ず父親と共に我が家に帰ってくることを信じていたのである。彼女は悲嘆にくれた。波瀾に富んだ半生を力強く生き抜いてきたティンサもさすがに、愛児二人を続けて失った厳しい現実を受け入れるのには、長い時間と大変な努力を要した。

三　バ・モオ博士の他界

ミン・シンの事件や、ヤン・ミョウとヤン・リンの死の報せはバ・モオ博士にも大きいショックを与えた。パーキンソン氏病がすすみ、日に日に体力を失っていた博士にとって、これらのニュースは如何ばかり厳しいものであったろうか。しかし思考力は少しも衰えていなかったので、ティンサは毎日、本や新聞を読んで聞かせ、明るい話題を提供しては父を元気づけようと努力した。昼間は看護婦を、夜は別のつきそいを依頼して万全を期するように配慮した。

一九七七年四月の水祭りの頃、博士は風邪をひいたのがもとで肺炎を起こした。手厚い看護と医師の最善の治療の甲斐なく、五月二十九日、バ・モオ博士はその波瀾万丈の生涯を閉じた。庭には雨季のなか、ボウ・ヤン・ナインが家から消えた時と同じように、火炎木の紅の花が咲き揃っていた。

生前の希望に従い、荼毘に付された遺骨は、三日後に博士の生まれ育ったマウビンの町の近くを流れるイラワディ川に流された。

青年時代から反英思想を抱き、祖国ビルマの英国植民地からの解放を願い続けてきたバ・モオ博士は、あえて英国に長期滞在して英国の大学に学び、英国人の他国に対する優越感と横柄さを身をもって知り尽くした上で、英国人以上の立派な英語を書き、話し、英国上流階級のマナーを完全に身につけてから英国支配と戦ったのであった。

博士は、祖国ビルマが英国支配から逃れることのできた最初の独立は、あくまでも自分が日本戦時下におけるビルマ政府の国家代表となった一九四三年であるとしている。自伝

『ビルマの夜明け』の「初めに」の一部に、

ここでもうひとつ歴史の曲解の例をあげよう。時間的順列では、われわれの植民地主義からの解放は、一九四三年に英国が初めの敗北を喫し、ビルマから去ってわれわれが独立を宣言したときから始まる。ビルマ軍は独立を獲得するために英国軍と中国軍に対して果敢に戦ったのであった。しかし、この重大な事実は、独立がその数年後、植民地勢力からの贈りものとしてわれわれの手に入ったとするビルマ自身の戦後の宣言によって隠されていった。このようにしてわれわれは戦時中のもっとも重要な歴史的業績のひとつを現実には否定してきたのである。

と述べており、一九四七年英国から得た植民地からの解放を真の独立とする一般の見解を否定している。

彼は独立国ビルマの自主性を重んじ、国家代表の座にあった時も、日本側に言うべきことは明確に伝えたと、これも自伝に書いている。戦争末期、アウン・サンが日本軍から寝返って英国側につくため、ひそかに反日運動を立ち上げた時、博士は日本側には一切これを秘しながらアウン・サン達を無言で支えはしたものの、自身は決して日本を裏切ることはしなかった。いよいよラングーンが英国に奪回されて、日本軍の命により首都から逃れた折も、逃避行の先々で独立ビルマの国家代表として、最後までビルマ政府の存在をまもるべく閣僚と案を練り、その衿持を保とうと努力した。しかしついに、逃避行に加わった石射猪太郎大使の必死の説得と強いすすめで、日本への亡命という思いがけない経験までするに至ったのである。

帰国後、博士の言う「植民地勢力からの贈りもの」である戦後の独立ビルマにおいて、再び政界に出ようとこころみはしたが、すでにこの世界に戻る足場は完全に失われていた。その上、娘婿のボウ・ヤン・ナインが反ネィ・ウィン政府運動に走ったため、獄に投じられ、家族全員と共に長い苦難の道を歩まねばならなかった。かつてはビルマの最高指導者であったバ・モオ博士の後半生は、何としてもまことに悲劇的であったと言わざるを得ない。

博士は、祖国の最初の独立は自分が達成したのだという信念と、日本を一度も裏切らなかったという誇りを最後まで持ち続けながらも、もしかすると心の奥底で言い知れぬ無念さをかみしめながら晩年の日々を過ごしてきたのではなかっただろうか。

第十章　ボウ・ヤン・ナインの帰宅

一　アムネスティ（恩赦）

一九八〇年五月末、ネィ・ウィン大統領は突然アムネスティ（恩赦）の発表をラジオでおこなった。

すべての反乱軍及びすべての国外不法滞在者と共産ゲリラに対して告げる。即刻ラングーンに戻り政府に出頭せよ。

ビルマ政府はビルマ国民が今こそ一致協力、手を取り合って諸般の事態に対応すべきであるという見解に達したからである。

出頭後、何の罰も課さないことを約束する。また、海外に出ることを希望する者には合法的パスポートを発行する。

という主旨であった。

ティンサはこの発表を半信半疑で聞いた。友人や知人に真相をたずねてみたが誰からもはっきりした返事は得られなかった。しかし発表後まもなく、インドに亡命していたウー・ヌが、家族の迎えを受けて帰国した。また「三十人志士」の一人で、ボウ・ヤン・ナインとは別途に反政府運動をしていたボウ・モオ・アウンもタイから帰ってきた。このようにネィ・ウィンの恩赦の発表が真実であったことを裏付ける事実を眼のあたりにしても、まだ迷っているティンサに、夫の友人の一人がアムネスティを受けるように強くすすめた。しかし彼女は、

「夫が帰ってくるのは勿論非常にうれしいし、家族にとってもこの上ない幸せではあるが、かんじんの夫の居場所が不明で、彼自身の意志を確認することができないため、自分一人では決められない」

と答えた。

ところが、三女アマヤの友人で、ネィ・ウィン大統領の娘サンダがアマヤを通して、ネィ・ウィンが「ボウ・ヤン・ナインに是非戻ってきてほしい」と言っていると知らせてきた。そこでティンサはネィ・ウィンに、

「アムネスティに感謝しており、夫がそれをつつしんで受けてくれればうれしい」と婉曲な表現で手紙を書いた。すると再びサンダから、「父は今でもボウ・ヤン・ナインを『三十人志士』の大切な仲間の一人と思っている」とネィ・ウィンの言葉を伝えてきた。

ティンサは、具体的にどういう行動をとってよいのかなやんでいたところ、ある日一人の軍人がやってきて、彼女に軍司令部の情報局長ティン・ウー大佐と面接するようにと告げた。そこで彼女は、イェマの夫ウー・キン・ミンを伴って司令部に出向いた。ティン・ウー大佐は、

「ウー・ネイ・ウィンは、ティンサの手紙を確かに受け取った。ボウ・ヤン・ナインの居場所は在バンコックビルマ大使館の陸軍武官が知っているはずであるから、直ちにバンコックに出かけて彼と連絡をとるように」

と言う。ティンサは、

「自分達にはパスポートもないし旅費もない。またバンコックに行くには自分一人では困るので、長女イェマを伴いたい。イェマには五か月になる乳飲み子がいるため子守りとして末娘のティンティも同行させたい」

と答えると、費用の貸し出しと、同行者の許可が即刻みとめられた。翌日、約束通り各人

のパスポートが発行され、米ドル二〇〇〇ドルが手渡された。

二週間後、赤児を含めた四人はバンコックに飛んだ。ティンサは出発前、貸し出された二〇〇〇ドルの中から三〇〇ドルを留守を頼んだウー・キン・ミンに残した。バンコックの空港には陸軍武官が迎えにきており、一行を都心のナラヤ・ホテルに案内し、チェック・インさせた。ティンサはホテルに向かう車の中で、早速ボウ・ヤン・ナインの居場所をこの武官にたずねた。しかし彼は情報局長の言葉とは相違して、何の情報もつかんではいなかった。

当時、ナラヤ・ホテルはバンコックでの古い一流ホテルのひとつであった。ティンサは二部屋借りたものの、貸し出された手持ちの米ドルが何日も持たないと判断し、翌日さっさと近くのアパートに移った。これで滞在費は大いに節約できた。

彼女は早速この町に住んでいる弟ザリ・モオに連絡をとった。彼はタイの女性を妻とし、国際弁護士として活躍していた。ザリ・モオは直ちにボウ・ヤン・ナインの捜索に乗り出し、東奔西走、苦労の末ようやく二週間後に居所をつきとめた。

ボウ・ヤン・ナインはビルマ側のジャングル奥深く人里はなれた場所に、数人の仲間とひそんでいたという。彼のキャンプはここ数年内紛が絶えず、もとよりゲリラ活動はうまくゆかず、すでに大半の者が離散してしまっていた。ほんのひと握りの忠実な部下と共に、食物もろくに入手できないどん底の生活をしていたそうである。

刀折れ、矢尽きたボウ・ヤン・ナインは、このような悲惨な状況のもとでアムネスティのラジオ放送を聞いた。彼は電波に乗ったネィ・ウィンの声を耳にした時、かつての旧友があたかもボウ・ヤン・ナイン個人に呼びかけてくれているように感じたという。しかしすぐには応じかねた。十五年にわたる反政府運動が完全に失敗に終っていることは明らかな事実であっても、そう簡単にネィ・ウィンの言葉を信じるわけにはゆかなかった。彼は思案した結果、部下二人をバンコックに出向かせ、在タイビルマ大使館と接触をこころみて様子を探るように命じた。しかも用心深くこれを何度も繰り返し、事態の真相を把握するのには相当の日数を要した。しかしついに、大使館からの情報で、彼を迎えにティンサと子供達二人や孫までバンコックに来ていることを知り、はじめてアムネスティを受諾する決心をしたのだった。その直後、最後まで彼と苦労を共にした配下の隊員全員に断腸の思いで解散を命じ、自由を与えると宣言した。

ボウ・ヤン・ナインは、ザリ・モオの差し向けた車でヴィクトリア・ポイント経由バンコックに入り、まず大使館に出頭してアムネスティ受諾の報告後、館員に伴われてティンサ達の宿舎に姿を現した。ティンサは夫に、イェマとティンティは父親に、それぞれ十五年振りの感激の再会を果たした。ティンティは父と別れた時、まだ三歳だったので、初対面のような気がしたという。ボウ・ヤン・ナインは骨と皮に痩せ細り、顔には苦難の皺が無数に刻まれていたが、常に脳裡にあった幼児の面影から一足飛びに美しい娘になってしまったティンティの姿に接していかばかりか感無量であったろう。また母親となった長女イェマとあどけない孫娘の顔を見ると、帰国の決心をしてよかったと心から思うのであった。ティンサとボウ・ヤン・ナインは、互いに目を見つめ、無言で夫婦としての万感の思いを伝え合った。

ティンサは、再び自分と家族のもとに帰ってきた夫を前にして、十五年間の筆舌に尽くせぬ苦労は一瞬にして消え去り、深い安堵と喜びで胸が満たされた。イェマも、父の長年の留守をまもって、一家の主婦代わりをつとめたもろもろの苦難がこれで終りを告げ、これからは夫と共に自身の人生の第一歩を踏み出す時が来たと希望に燃えた。

ザリ・モオとティンサは、まともに歩くことさえ難しい状態のボウ・ヤン・ナインを、まずは病院に入れて身体検査をしてもらうことにした。診断は過度の栄養失調ということで、幸い深刻な病名は与えられず、当分の間、入院静養を続ける結果となった。

ティンサは夫が入院している間に、在米の妹ティーダに連絡をとり、彼女のもとで育てられ、現在大学生となっている三男ミン・シンをバンコックに呼び寄せてザリ・モオの家に滞在させた。実はザリ・モオもミン・シンも不法国外滞在者であったので、彼女はこの際、二人をラングーンに連れ帰って恩赦の約束のひとつである合法的パスポートを取得させたかったのである。

一九八〇年八月十五日、幾分体力を回復したボウ・ヤン・ナインは、ティンサ、ザリ・モオ、イエマと赤児、ミン・シン、ティンティに加えて、徐々にジャングルから出てきてバンコックに集まっていたキャンプの兵士二十余名と共に、ビルマ政府の用意したチャーター機でラングーンに帰り着いた。そして各人アムネスティの手続きを無事にすませた。

また、ザリ・モオとミン・シンは、ティンサの希望通り合法的パスポートを入手した。

二　十五年振りの帰宅

ボウ・ヤン・ナインは、大学通りの懐かしい我が家に十五年振りに足を踏み入れると、一日千秋の思いで父の帰りを待っていたアマヤ、キンサ、ケティ、ナンダの四人の娘と劇的な再会を果たした。また留守中に生まれた末っ子ザーニィ、イェマの夫と二人の間に恵まれたもう一人の孫娘、最近結婚した二女アマヤの夫たちと初対面のよろこびを分かち合った。ティンサはその光景を見つめながら、感無量で立ち尽くしていたという。

しばらくラングーン市内の病院で静養し、さらに体調をととのえたボウ・ヤン・ナインは、改めてネィ・ウィンを訪ねた。あたたかく迎えてくれたネィ・ウィンに彼は、
「私は一度もあなた自身を憎んだことはない。ただあなたの政治が好きではないのだ。それは現在も変わっていない」
と告げたが、大統領は黙っていたそうである。

まもなくビルマ政府はボウ・ヤン・ナインに、「ナインガン・ゴウンイィ」勲一等を授

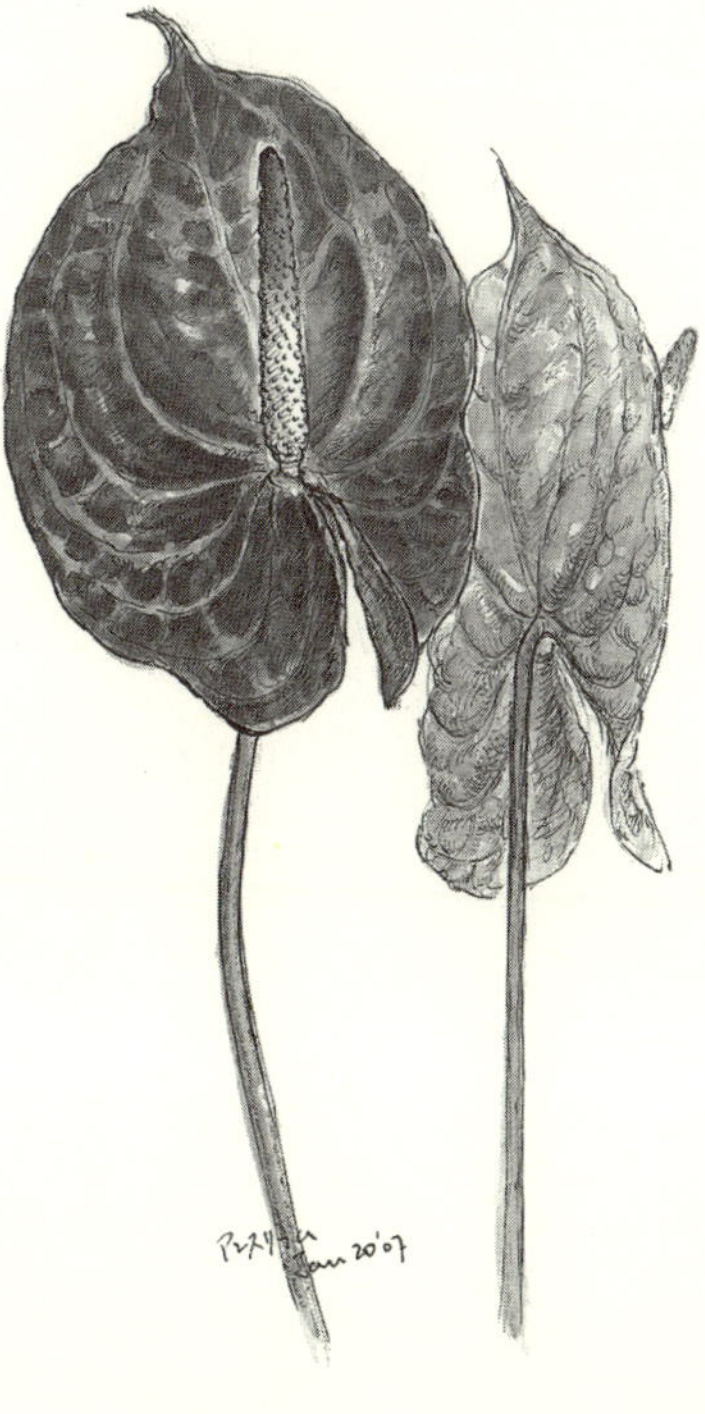

アンスリウム

与した。「国の徳を示した人」の意味を持つこの勲章は、主として独立戦争に貢献した人に与えられてきたものである。さらに政府は彼に恩給の支給を開始した上、建設省に木材を納める公社、Agent of The State Construction Corporation代表の地位を与えた。ネィ・ウィンは、かつての「三十人志士」の同志であったボウ・ヤン・ナインのすべてを許し、でき得る限り手厚く遇したのであろう。しかし十五年もの間、敵として戦ってきた相手に塩を恵まれた彼は、旧友への熱い感謝の念と共に言い知れぬ複雑な気持を抱きながら、これらの厚意を受けたのではないだろうか。

夫が国から数々の恩恵を受けて、ようやくティンサ一家は質素ながらも不自由のない生活を送ることができるようになった。しかしティンサは、ウー・キン・ミンとイェマに、彼等一家の経済を自主的に支えるため、「カウ・ビジネス」を続けるようにすすめ、夫婦はそれに従った。

ボウ・ヤン・ナインは度々森林地帯に出張した。彼の仕事は、農林省の許可を得た上で森林に赴き、自ら監督しながら伐採した木材を購入してラングーンに運ばせ、建設省に売却するものであった。木材の購入資金は国が援助してくれた。ラングーンには小さい事務所を置き、四、五人の職員と共に彼自身も懸命に働いたので、この事業は徐々に成功し、彼の新しい生き甲斐となったのであった。

家にあっては、子供や孫たちとにぎやかな時を過ごし、ティンサの奥床しい心づかいに支えられて、ボウ・ヤン・ナインは家庭の幸せをしみじみ味わった。精神的にも経済的にも次第に落ちついてきた彼は、ラングーンに在住する「三十人志士」の仲間数人と、一か月一度回り持ちの夕食会を開いて、昔の思い出を語り合う楽しみをもつようになった。

しかし、この頃すでに彼の体は長年の無理がたたって、ひそかにむしばまれ始めていたのを彼自身も家族の誰も気付かなかった。

三　ボウ・ヤン・ナイン夫妻の日本訪問

ボウ・ヤン・ナインがキャンプで反政府運動に没頭していた十五年の間に、ネイ・ウィン政権の政策はビルマ国民の生活を刻々混迷の底におとし入れていった。

革命後、十年余は完全な鎖国主義を貫く強行政治で国民を苦しめたが、一九七六年にネィ・ウィン暗殺未遂事件が起きると、政府はあわてて政策をゆるめ、外国からの借款を増やして多少海外への門戸を開いた。その結果、長い間資金や資材の不足で活動を阻止されていた国営企業が復興し、たまたま一時的に石油産出の報に沸きたって、一般国民も一息つけるかのようにみえた。

しかし、石油の産出はすぐに停滞、米やチーク材など一次産品の輸出も不能に陥り、復興しかかっていた経済は八〇年代に入ると再び低迷し始めた。一九八一年、ネィ・ウィンは大統領をサン・ユに譲り、以後ビルマ社会主義計画議長職に専念することになったが、事実上の政治の舵取りはやはり彼が行っていたのである。このころのビルマは一九七〇年代後半に外国から借り入れた多額の資金の返済に追われ、外貨不足は深刻な問題となっていた。そしてついに一九八七年二月、国連からＬＤＣ（最貧国）の認定を受ける事態にまで追い込まれてしまった。

国内では物価の上昇が止まらず、インフレに歯止めが効かなくなった。外貨不足による輸入制限により、国営企業の大半は再び休業状態となり、食料、日用品入手困難で、人々の生活は不自由を極める。再びネィ・ウィン政権初期十年の企業国有化時代と同様の現象

市場（魚売り）

が起き、忽ち町には闇市がはびこった。密輸商品から食品、雑貨、すべて市価の数倍の値で取引され、不当にもうける商人が続出したのである。

これらの闇商人に打撃を与えようと、政府は一九八五年十一月と一九八七年九月の二回、予告なしの高額紙幣廃止命令を出した。一九六四年のそれを含めると、ネィ・ウィン体制下で実に三回も廃貨という荒療治を行ったのである。政府の政策に対する国民の反発感は日毎につのり、いつ爆発してもおかしくない状態がくすぶっていた。

このような国情ではあったが、一九八八年一月、ボウ・ヤン・ナインとティンサは日本のビルマ経済発展研究会の招待を受けて訪日した。ボウ・ヤン・ナインにとっては、一九四三年バ・モオ首相に随行して訪日して以来四十五年振りの日本であり、ティンサにとっては、生まれて初めての訪問であった。

夫妻は、ビルマ経済発展研究会の幹部の案内で、都内をはじめ、横浜、鎌倉、日光はもとより、関西方面にも足をのばし、奈良、京都の観光に加えて、会社や工場の見学にも廻り、忙しい日程を無事にこなした。二人は日本の目覚しい経済発展と近代都市の景観に目を見張り、一方、日本特有の古い文化を保っている国の姿に深い感銘を受けたという。ボウ・ヤン・ナインは、東京で宮沢大臣と会見する機会を与えられ、ビルマの現状をつぶさに報告した。大臣は、「ネィ・ウィンが本気で経済の立て直しをするのであれば、即座に支援をしよう」と申し出たと、ボウ・ヤン・ナインは言うのだが、一体この件はどうなったのであろうか。

研究会の幹部は観光、見学のみでなく、ボウ・ヤン・ナインの体調を心配して、某大学病院で精密検査の手配をした。この時の結果は、ティンサのみに伝えられたのだが、余りよいものではなかったとのことである。

夫妻が夢のような、また目の廻るような数週間の日本滞在を終えて帰国した祖国ビルマでは、まもなく風雲急を告げる事態が起きたのである。

第十一章　夫の永眠とその後のティンサー家

一　民主化運動

一九八八年三月十二日、ラングーン工科大学の学生が喫茶店でひき起こしたトラブルが原因で、学生と治安警察が対立、一人の学生が射殺された。その怒りは学生全般に及び、ラングーン大学の学生運動にも火がついた。同月十八日、両大学の学生数千名のデモが行われたが、それを軍が弾圧、インヤレークの畔で多数の学生が残虐な殺され方をした。ダダピュー事件として知られている。

六月には再び学生の大規模なデモがあり、軍と激しく衝突する。この頃から一般市民もデモに加わるようになって、その勢いは地方にも広がった。この事態に危機感を抱いたネイ・ウィンは、七月二十三日ビルマ社会主義計画党（ＢＳＰＰ）の臨時党大会を開き、党議長職の辞任を表明した。サン・ユ大統領も同時に職を退き、七月二十七日後任はセイン・ルウィンが選出されて双方の職を兼任した。しかし彼は学生弾圧の責任者であったため、学生の怒りはいよいよ増し、ついに八月八日セイン・ルウィン打倒のゼネストが敢行された。彼は戒厳令を布告して軍を出動させ、学生達に無差別発砲をして多数の死者を出した。それにもかかわらず、この運動を止めることができず、セイン・ルウィンはわずか十八日間で党議長と大統領の職を辞任せざるを得なかった。

文民出身のマウン・マウンが大統領に就任し、戒厳令が解除されると、ラングーン市内は次々と十万人規模のデモと集会で緊迫した空気がみなぎった。耐えに耐えてきたビルマ民衆の爆発である。学生達も、ネィ・ウィン個人とその体制に対する強い怒りを以って運動をすすめていたが、八月頃からその内容に「民主化の実現、人権の確立、経済の自由化、複数政党制に基く総選挙実施、暫定政府樹立」等のスローガンをかかげるようになった。ボウ・ヤン・ナインのもとにも学生が大勢やってきて、意見を求めた。彼は自分の痛い経験をふまえて、

「やみくもに反政府運動をしても無駄である。学習と努力と訓練と、それに何よりも良き指導者が必要である。根本的に考え直して組織を作って出直すように」

とさとした。

このころ、たまたま母親ドオ・キン・チーの看病のため、英国から帰国していた故アウン・サン将軍の長女、アウン・サン・スー・チーに、民衆と学生は絶大な期待を寄せ始めていた。彼女は一九六四年英国に留学、オックスフォード大学セント・ヒューズ・カレッジで学んだ。卒業後米国ニューヨークで国連本部に勤務し、その頃知り合ったチベット研究者の英国人マイケル・アリス博士とロンドンに戻ってから一九七二年に結婚した。二人の息子に恵まれ、平穏な主婦業を続ける一方、ロンドン大学東洋アフリカ研究学部（ＳＯＡＳ）でビルマ文学に関しての博士論文の執筆に励んだ。また父アウン・サンの生き方を知るため、ロンドンのインド省付属図書公文書館や国立公文書館でビルマ関係の一次資料を調べて、その生涯に関して学んだ。彼女はアウン・サンと日本の関係についても知りたいと思い、日本語の資料を読めるようにと、オックスフォードで二年間日本語の勉強をして千字以上の漢字をマスターしたという。その成果は、一九八五年十月、日本の国際交流基金の招待で京都大学東南アジア研究センターに客員研究員として赴任した時、大いに発揮された。幼い息子二人を伴って来日した彼女であったが、八か月にわたって、邦語資料の収集、調査及びアウン・サンとの関係者に対する聞き取り作業を十分行った後、夫の待つロンドンに戻った。

　このような背景を持つアウン・サン・スー・チーの帰国を知った学生達は、大学通りの彼女の家に出入りし始めた。彼女も彼等を通して、初めてビルマの切羽詰まった実情を把握し、愛する祖国の将来を真剣に考えるようになった。やがて、彼女の家にはあらゆる階層や年齢の民衆も訪ねてきて、彼女にビルマの現状を何とかしてほしいと助けを求めたのであった。

　スー・チーの気持は徐々に高揚し、ついに八月二十六日、シュエダゴン・パゴダの西側広場で数万人の集まるなか、国民に向けて真の民主化と複数政党制の必要を訴えた。民衆の反響は絶大なもので、スー・チーの名は忽ち全国に広がっていった。四十三歳の彼女はこの瞬間から一私人から一公人としての道を歩み始めたと言っても過言ではないだろう。ごく短期間のつもりで夫と二人の息子をロンドンに残し、母の見舞にかけつけた彼女にとって、思いもかけない事態発生であり、彼女自身の心の一大変化でもあった。母は彼女の手厚い看護の甲斐もなく十二月に他界したが、彼女には夫と息子達のもとに二度と帰ることの許されない運命が待っていた。

　スー・チーは、民衆に民主化と人権の重要性を説き、話し合う機会を設けた。また地方、ことに少数民族の町や村へ遊説に出向き、熱い思いを直接伝えた。彼女の話に耳をかたむけた人々は、この美しいビルマ女性を、あたかもジャンヌ・ダルクがこの国に出現したかのように熱狂的に支持して受け入れた。

一九八八年九月十八日、国民は突如、国営ラジオ放送の臨時ニュースで、国軍が「法秩序の回復」と「国土の治安維持」のためというプロパガンダのもとに、国の全権を掌握したと知らされた。国軍は、ソオ・マウン大将（後の上級大将）を議長とする国家法秩序回復評議会（ＳＬＯＲＣ）を設置した。また、複数政党制に基く選挙を実施して新政権が成立するまで戒厳令をしき、国権の最高機関として国を統治する旨宣言した。

学生と民衆の反政府デモの盛り上がりは、ＳＬＯＲＣの出現で阻止されたかのようにみえたが、再び軍事政権が登場した怒りは押さえきれず、その後も全国各地でデモは続いた。ネィ・ウィンが党議長を退く時、「今後騒ぎを起こすようなことがあったら、軍はねらい撃ちをする」と宣言して人々をふるえ上がらせたのだが、その言葉どおり兵士はデモ隊目がけて容赦のない発砲をした。一応の鎮圧をみた九月二十六日までの犠牲者は軍事政権の発表で三三七名、負傷者は二〇九名とあるが、実際の死傷者は一〇〇〇人を下らないと推定されている。九月十九日に米国大使館前でデモ隊が軍に集中発砲されて次々と悲惨な死者が出る様子を、一人の学生が命がけで撮影したヴィデオは、ＮＨＫが入手して日本でも放映された。

その後、学生指導者は逮捕され、運動に参加した公務員は指名解雇された。しかし、逮捕を免れた意志強固の学生達は大挙国境地帯に入り、全ビルマ学生民主戦線（ＡＢＳＤＦ）を結成、長年反ネィ・ウィン闘争を続けていた少数民族武装勢力と合流して反政府運動、民主化運動を続けたのである。

一方、軍事政権は、約束に従って複数政党制に基く総選挙の実施準備にとりかかり、九月二十七日から政党登録受付を開始した。忽ち、「待っていました」とばかり雨後のタケノコのように全国で二百余りの政党が登録されて、政府を驚かせた。これらの急造政党の中で国民の注目の的となったのが、アウン・サン・スー・チー、ティン・ウー元国防相とアウン・ヂー元准将が共に結成した国民民主連盟（ＮＬＤ）という政党であった。但し、アウン・ヂーはまもなく別に新政党を結成してＮＬＤから身を引いた。スー・チーはＮＬＤの書記長をつとめる一方、軍政府からあまたの妨害を受けつつも全国各地方へ遊説に出かけ、民主主義と人権の重要性を説いた。

二　ボウ・ヤン・ナインの他界

このように国を挙げての民主化運動と軍事政権との争いのなか、ボウ・ヤン・ナインの病は刻々と悪化の道をたどっていた。それでも彼は十二月二十六日、「三十人志士」の記念会を自宅で開いた。十家族が集まり、彼は機嫌よく歓談し笑顔で接していたが、ティンサには夫が体力の限界を押して努力していることが痛いほど分かり、身を切られる思いだった。

果たして年が明けて一九八九年一月六日、ボウ・ヤン・ナインは大吐血を起こした。ただちにジェネラル・ホスピタルに運ばれ、翌日日本のODAで建てられたヤンゴン国立病院に移動させられた。この日、駐ビルマ日本大使大鷹弘が見舞に来訪したが、病人は意識がもうろうとしていて直接話ができず、ティンサが代わって応対し謝辞を述べたそうである。

一月二十五日、バンコックで東洋医学の勉強をしていた三女アマヤがかけつけ、医者になっていた四女キンサが父につきそった。手術が必要か否か、星占いには「ノウ」と出たが、アマヤとキンサは必要だという。医師も強くすすめたので、ついに手術を決行したところ、胃の入口に癌が発見された。すでに手遅れであった。肝臓も冒されていた。

二十八日、容態が急変する。手先が青黒く変色し、点滴も体が受けつけなくなってしまった。病人は蚊のなくような声で「眠たい」とささやいたのが最後の言葉となって、午前九時静かに息を引き取った。「病院で死亡した遺体を自宅に運ぶことを禁じる」という政府の通達を手にしていたティンサ達は、すぐにはボウ・ヤン・ナインの死を公表せず、ひそかに遺体を帰宅させてから、自宅で永眠したと発表した。

翌二十九日、「三十人志士」のグループが葬儀をとりしきり、僧侶を招いて自宅で式を行った後、火葬に付した。軍事政府からは、「葬儀で騒ぎを起こさぬように厳重に注意せよ」との通達がきたという。ティンサと家族は、マンダレーの古寺の旧知の僧侶に依頼して、遺灰を粘土とまぜて菩提樹の葉形を作り、表面に経文とボウ・ヤン・ナインの名、生年月日、死亡年月日を刻んで焼き上げ、永代供養をしてもらうことにした。彼はその後も続く軍事政権の不条理な政治の動きを知らぬまま、現在もマンダレーの寺の中で眠っている。

蓮の花

ティンサは夫ボウ・ヤン・ナインとの結婚生活を顧みて言った。

「彼は生えぬきの軍人で政治家ではありませんでした。バ・モオの直属の部下であり、また娘婿であったため、アウン・サンの出陣（日本側から英国側へ寝返った事件）の折、『三十人志士』の仲間と行動を共にしませんでした。しかし、彼は決して悔いていなかったと信じます。彼は岳父バ・モオに最後まで忠実であり、日本を裏切らなかったことを誇りに思っていました。

戦後のネィ・ウィン政府へのレジスタンスは悲惨な結果となりましたが、彼としては、ネィ・ウィンにいくばくかの反省を与えたと自負していたようです。

『三十人志士』の一人として、その昔、海南島で日本軍から厳しい軍事訓練を受けたことを終生感謝し、このことによって日本人に大きい信頼と親近感を持ったと話していました。波瀾万丈の一生でしたが、自分の思う道を歩み通した幸せな人生だったと思います。

彼の十五年にわたる反ネィ・ウィン運動では、父バ・モオ、妻の私、子供達や弟妹がずいぶん辛い経験をしましたが、常に一同、ボウ・ヤン・ナインを心から支持していたのです。人生には浮き沈みのあるのが常ですから、よい時も悪い時も冷静な判断とたゆみない生きる努力を続けていれば、必ず満足のゆく一生が送れます。

妻としては、生涯夫の愛を信じ、多くの子供に恵まれたことは何よりの幸せと思っています」

ティンサが淡々と語る言葉の影には、傍目からは無鉄砲とも見える夫の行動への批判や恨みはみじんもなく、忍耐強く見守ってきた妻のあたたかさがにじみ出ていた。

三　世界各地に散っていったティンサ一家

ビルマの国内では、その後も国軍のNLDへの圧力は強く、一九八九年七月二十日、NLD書記長のアウン・サン・スー・チーを国家防衛法適用という名目のもとに自宅軟禁にし、議長のティン・ウーを投獄した。

一九九〇年五月二十七日、軍事政権は三十年振りの総選挙を行った。スー・チーは自宅軟禁のまま立候補届を提出したが、受理されなかった。選挙結果は、NLDが定数四八五議席のうち三九二議席（八一パーセント）を獲得して圧勝した。ところが軍事政権は、予測に反したこの結果に驚き、こともあろうにＮＬＤへの政権移譲を拒否して居座ったのである。これに強く抗議したＮＬＤ側の関係者や支持者を大量に逮捕し、さらにＮＬＤに傾倒する公務員や教育界の人々の思想調査と管理強化をはかった。

一九九一年十二月、アウン・サン・スー・チーはノーベル平和賞を授与されたが、軍事政権はこれを無視した。授賞式には、英国に住む夫、マイケル・アリス博士が出席した。

このような国内情勢のなかにあって、夫亡き後のティンサと一家にとり、ラングーンは至って住みにくい場所となった。民主化騒動のあった一九八八年の暮、六女ナンダの夫、トゥラ・ハンは伝手を得て米国にわたり、ニューヨーク国連ＵＮＤＰ（国連開発計画）に就職した。当時、五歳の男の子と二歳半の女の子をかかえていたナンダは、三か月遅れて渡米し、クィーンズ地区のアパートで一家揃っての米国生活を始めた。

やるせない日々を送っていたティンサは、思いもかけずナンダ夫婦が一緒に住んで欲しいと言ってきたので、一九九〇年二月ニューヨークに飛び、クィーンズのアパートで共に暮らすことになった。ナンダは渡米直前までラングーンでユニセフ（国連児童基金）に勤めていた関係で、一九八九年からニューヨークの同事務所に勤務が許され夫婦揃って国連の仕事にたずさわっていた。ティンサは孫達の身のまわりの世話はもとより、学習の面倒までよろこんでみるようになった。また料理の上手な彼女は、食事作りにも腕を振ったので、共働きのナンダ夫婦にとっては大助かりであった。

夫婦力を合わせて働いてきたところにティンサの助力も加わって、大分経済的余裕のできた一家は、一九九二年、コネティカット州デリアン市に小さい一戸建ての家を求めて移り住んだ。こぢんまりとしたこの町の住宅街は、プラタナスの街路樹に沿って質素ながら前庭のついた平屋が並び、緑と花の多い落ちついたたたずまいをみせていた。ニューヨークの林立する高層建築と喧騒の大都会とは別世界の静けさがあった。

デリアンという市の名前は、中国の「大連」からとったのではないかと言われるだけあって、住民のなかには比較的中国系の人々が多く、マーケットやレストランなどでもティンサ達にとっては親しみ易い顔立ちの店員が働いていた。ナンダ夫婦はニューヨークまで列車通勤となったが、片道一時間ほどで、何の不都合もなく毎朝揃って出掛けていった。孫のヤンとインは町の学校にすぐ慣れて、勉強は面白く、白人とアジア系の友人が大勢できて、スクール・ライフは楽しい日々となったという。ティンサは週一度、近くの婦人達と共に端切れを利用した小物製作のヴォランティアに参加したり、図書館で好みの本を借りてきて読書にふけったり、家事の合間に自分の時間が楽しめるようになって充実した毎日を送っていた。ところが静かな生活を満喫していた彼女に、ある日思いがけない話がとびこんできたのである。

ティンサの五女ケティは一九八七年までラングーンで薬学専門学校の教師をしていたが、在ビルマ米国大使館の外交官、ピーター・ハーディングと知り合って恋仲となり、結婚した。しばらく幸せな新婚生活をラングーンで送った後、一九九三年ピーターが西インド諸島の共和国ハイチに転勤となり、妻同伴で赴任した。ケティはその地で三人の子供をほとんど年子で出産したため、母、ティンサに助けを求めたのである。頼まれたら断ることを知らないティンサは、ナンダ夫婦に了解を得ると早速ハイチに急行した。今度は馴れない土地で、ケティ一家のために子育てと家事の手助けに目まぐるしい日々を過ごすことになった。彼女の献身は、二〇〇一年ピーターがワシントンD.C.の本省勤務となるまで続いた。この転勤を機会に、ティンサはデリアンに戻り、再びナンダ一家との生活を始めた。孫達は七年会っていない間に驚くほど大きくなって手がかからなくなっていたし、ナンダ夫婦は職場の昇進もあって生活にゆとりができてきたのを見届けたティンサは心から安心した。

そこで彼女は、十年もの間帰る機会のなかった故郷ラングーンに、今後は年に一度、二、三か月の予定で滞在してみることにした。久々に戻ってきた懐かしいバ・モオ家の敷地の一部には、ティンサの古い木造家屋を壊した跡地に、長女イェマと七女ティンティの二軒のコンクリートの家が建てられていた。イェマには夫と四人の娘、ティンティには夫と二人の息子がいて、それぞれ幸せな家庭生活を営んでいる。七、八年前からこの姉妹は夫達や成人した子供達と協力し合って、郊外に二つの衣料製造工場を経営し、厳しい国内経済事情のもとでも、何とか採算がとれるまで日夜試行錯誤を重ねながら努力してきたという。現在は輸出先も開拓して、主としてジャンパーとかジーパンの製品売り上が年々上昇しているとのことである。ティンサは不安定な国情を憂いながらも、両家の奮闘に声援を送っている。

三女アマヤはラングーン大学で医学を修めた後、バンコックで八年間、東洋医学の研究にたずさわっていたが、二〇〇一年からインドネシアのジャカルタでWHO（世界保健機関）の職員として活躍している。離婚後、二人の子供を女手一つで育てたが、現在は息子も娘も結婚して手許から離れたという。

四女キンサは、エンジニアの夫ウー・ター・アウンとカナダのトロントに住み、一人娘を育てながら、医学を修めた彼女自身は厚生省に職員として勤務している。

三男ミン・シンは前述のように在米の叔母ティーダに育てられたが、米国女性と結婚して三人の息子が生まれた。現在は米国陸軍のパラシュート部隊で活躍している。

末っ子のザーニィは、ラングーン工科大学卒業後、一九八〇年代後半に留学のため来日した。ところが、日本の大学受験準備中に精神を病んで挫折し、四、五年行方が分からなくなってティンサと姉達を心配させた。ある時ようやく九州で姿を現し、帰国が叶った。以来ラングーンでイェマとティンティの世話になっている。


イェマ、ティンティとザーニィは例外であるが、このようにしてティンサ一家の大半は国外のあちこちに散っていった。あたかも祖国に覆いかぶさる暗雲に耐え兼ねたかのように……。


しかし、バ・モオ家一族の人々は世界のいずこの地にあっても、祖父母と父母譲りのヴァイタリティとファイトを持ちつづけ見事に各自の道を堂々と歩んでいる。

彼等を取材した著者としては、国民に不安を与え続ける暗雲が流れ去り、平安の星が輝くビルマがよみがえる日の一日も早からんことを祈って止まない。

終章

私が小学二年生の二男と幼稚園児の三男を連れて夫の赴任先ラングーンに、彼より数か月遅れて到着したのは、一九六二年七月初旬であった。初めてのビルマは雨季のさなかで、至るところにねむの木に似た火炎木の緑の葉の上に、燃えるような紅の花がかたまりのまま雨に打たれながらもいっせいに顔を挙げて咲いているのが新鮮な第一印象であった。

到着した数日後の七月七日の午後五時頃、数分にわたってすぐ近くで激しい銃声を聞いた。「一体、何の演習なのかしら」といぶかっていると、まもなく使用人の一人が、外からのニュースを伝えてくれた。それによると、この年の三月二日、クーデターによってウー・ヌ政権を倒したネィ・ウィンの国軍政権への反対運動を続けていたラングーン大学の学生数十人を国軍兵士が射殺したのだという。その翌日も大学学生連盟の建物が国軍によって爆破され、さらに多くの学生が命を奪われた。

不穏の気配はその後おさまったように見えたが、まもなく日常物資の入手が不自由になった。ネィ・ウィンの経済政策は、大半の企業を国営化し、商業や金融の分野で活躍していた中国人とインド人を国外追放するというものであったため、諸般の物資の流通が停滞し、米、食用油、たまねぎに至る基本的食料まで入手が困難になってしまったのである。ビルマの庶民は暴騰する米の値段に泣き、料理に必ず用いる油とたまねぎを闇市で探し求めた。一方、在留邦人は当番制を作って代わる代わる隣国タイのバンコックまで食料の買出しに出かけ、日本からの小包を首を長くして待つ毎日だった。流通が軌道に乗るまで一年近くかかっただろうか。それでも町の目抜き通りの宝石店や高級布地店はいつまでも閉めたままの状態が続いた。

我家の二人の子供はインターナショナル・スクールの小学部と幼稚園に通いはじめ、英語の授業に最初は目をまわしたようだが、半年たたぬうちに不自由はなくなった。とは言え、十二月と一月を除いた他の月の四十度近い気温と、雨季の異常な湿度と、乾季の強烈な陽射しに耐えながらの通学に加え、夕食後のひとときと休日の半日は、日本から同行を依頼した家庭教師に日本の勉強を教えてもらう毎日であったから、子供ながらさぞかし大変であったろう。

当時、我家では各室の天井に大きい扇風機がまわっていたが、エアコンは寝室以外にはついていなかった。学校の教室はもとより、商店も、友人達の家も涼を得る唯一の方法は大扇風機のみだった。それも時々起きる停電となれば、あきらめるしかなかった。たまの休日に一家揃って出るドライヴは、夫の子供達へのサーヴィスのつもりだったのだが、エアコン無しの車は窓を開けたまま走り、雨季には雨が、乾季には強い陽射しが容赦なく入りこむという苦行の中の楽しみであった。それでも二人の子供は大喜びではしゃぎ、家庭教師と私もラングーン市外のひなびた自然の中に点在する白や金色の大小のパゴダや、沿道の村人の暮らし振りに見とれて幸せな気分になった。

　四月末から十月初旬までの雨季の期間は、雨が二十四時間降り続けるわけではなく、日に何回か一時間位雲が切れて強烈な日光が照りつける。すると飽和状態まで水を含んだ土壌からいっせいに水蒸気が上がり高い湿度がさらに上がって百パーセント近くになってしまう。このような時期、朝みがいた靴を棚に乗せておいて、夕方の外出時に手にすると、全体に三センチ位の長さの青いカビが生えている。来客の折、貴重な日本からのせんべいのかんを開けた瞬間、ぬれおかきになってしまう。本棚に立てた本をしばらく振りに読もうと取り出すと、固い表紙と背を残して中のページはカラッポ、白蟻が食べてしまっているのである。紅茶に砂糖を入れると必ず小さな蟻が四、五匹浮かぶ。バザールでは土にじ

竹皮編み（家の壁に用いる）

かに紙を敷き、その上に砂糖を山のように盛り上げて売っているため、蟻は自由にもぐり込んだまま購入者の手に渡ってゆくからである。最初私は一匹一匹取り除いていたが、そのうち「蟻酸は毒ではない」と聞いて、そのまま飲んでしまうようになった。

蟻といえば、雨季たけなわの或る日、子供達の部屋の壁に大きな黒いシミができた。まるで世界地図を広げたような形である。雨漏りかとあわてた私が近づいてみると、それは小さい黒蟻の大群であった。使用人を連れてきて、どうやって退治するのか聞いたところ、「蟻の引越しですから半日そのままにしておけばいなくなってしまいます」と言う。その言葉に従って放置しておいたところ、翌日世界地図はきれいに跡形もなくなっていた。

ビルマの家の中には一年中壁や天井に七、八センチの色白のヤモリが何匹もいて蚊をとってくれている。親もかわいいが、赤ちゃんヤモリは細い二、三センチの透き通る体を器用に動かしてチョロチョロするので見ていて飽きない。しかし、こんなヤモリを好まない人もいるようである。ある在留邦人の若い母親が授乳中、天井から胸の上にパタリと落ちてきたヤモリに驚き、思わず赤ちゃんを床に放り出してしまった事件があった。赤ちゃんは重態で、日本に連れ帰って治療したと聞く。このお母さんはヤモリが大嫌いだったのだそうだ。

雨季も終わりに近い十月半ば、夜更けに突如としてカゲロウをごく小さくしたような虫がいっせいに羽化して、家の内外、路上まで一杯になる。その数は何万匹か想像のつかないほどの大群である。たまたま夜遅く車で帰宅する途中、この羽化のピークに出くわして一寸先も見えなくなり、立往生したことがある。我家でもある朝起きてびっくり!! 庭に面した廊下の床が虫の死骸で足の踏み場もないほどに埋まっていたからである。羽化して空中で雌雄がつがうと雄は直後に命が絶えてしまい、雌も産卵後すぐに死んでしまうのだそうだ。ちりとりに何杯も掃き集めながら、「ひょっとしたらつくだにができるかも……」と家族と冗談を交わした。

十月半ばから翌年の三月末までは乾季で、一滴の雨も降らず、強烈な日照りがつづく。ただし十二月と一月の二か月間は、朝夕夏服の上に薄いセーターが必要な程度に心地よい気候が楽しめる。四月初旬、辛く長い乾季の終わりを祝い、雨を待つ祈りをこめてビルマの正月、水祭りが行われる。祭りの数日間、一歩外へ出ればバケツをかかえて待ちかまえているビルマ人にひしゃくでパッと水をかけられる。中には後から襟をつかんで背中にバケツ一杯の水をそそぐ強者もいる。思わずカーッとするが、どんな目に会ってもお祝いなのだから決して怒ってはいけないと言われているので我慢の子である。ある日、目的の買

ザボン売り

い物もろくにできないまま、ほうほうの態で髪の毛から足の先までずぶ濡れで帰宅すると、我家の門の蔭から飛び出してきた二人の息子にざぁーっと水をかけられた。そのうれしそうな顔とはしゃぐ声に、子供達の異郷への順応の早さに驚き、口では叱りながらもついニコニコしてしまった。

このように最初の一年間は珍しさと驚きの連続であったが、一方時を経るほどに心あたたまる発見も多々あった。特にビルマ人との交流である。我家の使用人はもとより、買物先の店員、知人、友人のほとんどが人情味豊かな、相手の気持を汲むやさしさにあふれているのである。感覚的にも日本人に近いところがあって、次第にビルマの人々とのつき合いが楽しいものになっていった。

ところで、友人の一人として最も心を通わせることのできるようになったのがティンサであった。バ・モオ博士の長女で、ボウ・ヤン・ナインの妻である。私の夫が仕事の関係でボウ・ヤン・ナインとつき合っており、我家にも度々訪ねてくることもあって、私は夫人のティンサといつしか親しくなった。

バ・モオ博士の豪壮な欧風邸宅は、ラングーン市内の北部に美しい水をたたえて広がるインヤレークの畔を東西に走る大学通りに面した高級住宅地に構えられており、ティンサ一家の住む木造平屋建ては、その広い敷地の奥の一角にあった。一方、我家は大学通りからウィンダーミア通りに入り、坂を登り切った右手に位置していた。双方の家は車で三、四分、徒歩で十二、三分の近さであった。

ティンサは当時、ラングーン大学文学部で英文学の講師をしており、二女カリヤは幼くして失ったがすでに九人の子を出産していた。その上十人目をおなかにかかえていたので、何人もの使用人がいても、一家の切りもりと子供たちの世話から勉強まで見るのはずいぶん大変であったと思う。しかしそのような状況のなかでも、「ビルマ料理を教えて欲しい」という私のリクエストに快く応じ、休みの日に時間をさいては、私の家まで出向いてくれた。その頃、三十五、六歳であったティンサは、父バ・モオ博士に似た端正な顔だちに、豊かな黒髪をきりきりしゃんと結い上げ、まとめた髷に一りんのばらや香りのよいジャスミンを一房さした清楚な髪型がよく似合う女性だった。いつも濃い目の縞や花模様のロンジーに上手に合わせた淡い色のオーヴァーブラウスをふんわりと着て、身重の姿は上品におおわれていた。料理の材料は前以て電話で知らされるので当方で用意し、入手のむずかしい品は彼女が持参して補ってくれた。えびのココナッツ・ミルク煮、グレープフルーツの魚醤入りドレッシングのサラダ、ココナッツ・ミルク入りの鶏のスープを注ぎ、沢山の具を乗せたかけそば等々、毎回きれいな筆跡の手書きのレシピーが英語で準備されていた。その上、手を取るように説明しながらの指導はまことに楽しく、でき上がった料理を共に味わうのは得難いひとときだった。レッスンは四、五回続いたが、いよいよティンサの予定日も近くなったので終了にした。

まもなく女子誕生の報せをもらったので、お祝いにかけつけると、夫妻の寝室に案内された。ダブルベッドのわきに、白いレースの縁飾りのついた大き目のベビーバスケットが置かれ、中では、ティンティと名付けられたかわいい赤ちゃんが淡いピンクのベビー服に包まれて白い絹のふとんの上で静かに眠っていた。ティンサは産後の疲れもみせず、安産で安堵したのか落ち着いた素顔は一段と美しかった。

本文にも書いたが、ティンサとボウ・ヤン・ナイン一家は、バ・モオ博士の邸宅の敷地の一角に建てた木造家屋に住んでおり、入口は屋根付きの広いヴェランダで、ちょっとした来客を上げたり、子供達の勉強の場ともなっていた。家屋は、今風に言えばバリアフリーの板張りの床で、ヴェランダからドアを開けて入る広いリヴィング兼仏間の先は、中央の廊下をはさんで左右に五室ずつ計十室が板の壁で仕切られており、廊下から各室への入口はドアではなくカーテンが下がっているという典型的なビルマの家の形式である。廊下の突き当たりが台所で、その左手にトイレと浴室が並んでいる。

私のビルマ滞在は二年三か月という短いものであったが、その間バ・モオ博士に二度夫婦で夕食に招かれた。博士の邸宅は立派な石造りの洋館で、玄関は大学通りに面している。入ってすぐ左が広いリヴィングで右側がダイニングであった。当時はティンサの弟ザリ・モオや二人の妹マラ・モオとオンマ・モオも皆独身でここに住んでいたが、食卓にはつかなかった。バ・モオ夫人もティンサも挨拶には出てくるが同席しなかったのが不思議に思えた。しかし、これがビルマの正式な客のもてなし方であることを、ずっと後になって知った。食卓にはバ・モオ博士とボウ・ヤン・ナイン、他の招客の一組か二組の夫婦と我々夫婦のみが席についた。料理はえびの油煮や醗酵させた茶葉のペーストであえたサラダなどビルマの御馳走が多かったが、我々に気を使って日本の焼魚用の皿にビルマの煮魚が乗って出てくることもあった。夫人とティンサが共に調えたのであろう。心のこもった手料理のもてなしは忘れ難い。

バ・モオ博士は日本亡命中に覚えた海苔の味が懐かしいとしきりに言われたので、クリスマスには日本から取り寄せた我家でも貴重だった焼海苔とすし用の海苔を届けた。博士は大変よろこばれ、その都度ティンサを通して贈られてきたお礼の品が亀の卵であった。ピンポン玉の空気が少しぬけたようなペコペコする亀の卵は、ティンサの指示でゆで卵にした。割ってみると、ちゃんと白身の中に黄身があって鶏卵とあまり変りがないが、少々青くさい。それでも珍しさへの興味につられ、結構おいしく食べた。ラングーンではたやすく入手できない品であり、健康に良いと珍重されているとのことで、博士は思いをこめて贈られたのであろう。

ボウ・ヤン・ナインは、度々夕食後の時間を見計らって我家に来訪し、夫と話がはずんでいた。ずっと後から聞いたのであるが、その頃、ボウ・ヤン・ナインは夫に「ネィ・ウィンの政治に我慢ならない。反政府運動を起こすために地下にもぐりたい」とくり返し言ったそうである。夫はその都度、「それだけは止めるように」と止めたとのことであるが、本文に述べたように、彼はまもなく実行に移してしまったのである。

一九六四年九月、夫のメルボルンへの転任が決まり、私共一家はこの国に別れを告げることになった。バ・モオ博士からは、博士と家族の名前の刻まれた銀の器が三頭の象の木彫りの台に乗せられて餞別として届けられた。出発の日の朝、ティンサが訪ねてきて、自らこしらえたと説明しながら、庭で摘んだピンクとクリーム色の蘭の花にしだをあしらったしゃれたブーケを渡してくれた。私は心のこもった別れの花束に感激し、互いに目を見つめ合いながら再会を約束した。ティンサは何度も振り返りつつ帰っていった。私は遠ざかってゆく彼女の後姿を、涙をこらえながら視界から消えるまで見送った。

ティンサとの再会の約束は、その後彼女が辿った数奇な運命により、果たされるまでに十八年もの月日が流れた。

一九七二年十月、ネパールに在任していた夫と共に、距離的に近いこともあったのでビルマへのセンティメンタル・ジャーニーに出た。懐かしいラングーン空港に降り立つと、先ず会いたいと思っていたティンサは二回目の獄中生活を送っていると、迎えてくれた知人に知らされた。ボウ・ヤン・ナインの反政府運動は伝え聞いてはいたが、政府の圧力が家族にまでこのような形でのしかかっているとはつゆ知らなかった私は呆然とした。車で何回もバ・モオ家の前をゆきつ戻りつしてみたが、門はかたく閉ざされていて、中の様子は窺い知るすべもなかった。

五年後の一九七七年三月、パキスタンに在住していた私共両親を、二男と三男が大学の春休みを利用して訪ねてきた。イスラマバード滞在中、「折角ここまで来たのだから帰国

デンファレ

の途中ビルマに寄ってもいいでしょう?」と二人が言い出し、私も同行することになって翌四月初旬、三人でいそいそと思い出深いビルマの地を踏んだ。一行はラングーンのみでなく、息子達が幼い頃旅をしたマンダレーにも足を延ばした。私はラングーンに戻ってからティンサを訪ねたいと、目立たぬようにビルマ服で門前まで出掛けてみた。彼女はこの頃、二度目の投獄生活から釈放されて自宅にいるはずだった。しかし、表門の前はもとより、敷地のまわりの小道にも、裏門の側にもロンジー姿の私服刑事が見張っていて、とても邸内に入れてもらえる雰囲気ではなかった。もし敢えて中に入り、ティンサに会えたとしても、私が辞した後、彼女がどんな目に会うか、その迷惑を考えて唇をかみしめながらホテルに戻った。

さらに月日が過ぎた一九八二年一月、すでに社会人になっていた三男と、彼の知人で国会図書館勤務の一児の母でもあるMさんと私の三人でビルマへの旅に出掛けた。この時は、無数の寺院とパゴダの遺跡で世界的に有名なパガンにもMさんを案内した。ラングーンに戻ってから、今度こそとティンサの三度目の訪問を試みた。今回は、ボウ・ヤン・ナインが一九八〇年のネィ・ウィンのアムネスティを受けて、すでに帰宅しており、一家揃って落ちついた生活をしていると聞いていたので、安心してアポイントメントをとり、三男と

Mさんと共にティンサ夫妻を訪ねた。十八年振りのティンサは昔と変らず若々しく美しかったが、夫のボウ・ヤン・ナインはさすが十五年の苦闘のあとが深く刻まれた厳しい顔立ちであった。我々は夫妻と三女アマヤ、五女ケティとその日留守だった長女イェマの子供達及び六女ナンダと七女ティンティに揃ってあたたかく迎えられた。生まれたての赤ちゃんの姿しか思い出に残っていなかったティンティが私の目の前に娘盛りの美しい姿を現した時には、思わず息をのんだ。ティンサ夫婦と我々は楽しいおしゃべりの時間を過ごしたが、一家の十八年にわたる苦難の詳細はほとんど話題に上らなかった。そこで私はこの時初めて、いつの日かティンサにインタヴューを申し込み、夫妻一家とバ・モオ家の越し方を詳しく聞いて本にまとめたいと心に決めたのであった。

一九八七年八月、私はラングーンのティンサの自宅で五日間、午前午後を通してインタヴューを許され、五年前からの夢を果たすことができた。心のこもる昼食付きの聞き取りであった。恐縮する私に、「仲良しの友達ですもの、当り前でしょう?」とティンサは毎日、日替わりのメニューでもてなしてくれた。彼女が淡々と語る話は、十八年間の一家の厳しい歩みの様子が身にしみて伝わり、私は神経を集中しながら夢中で書きとめた。そのノートは事情があって、長い間私の机の引出しに収められていたが、今回この本の執筆に当たって最も重要な資料となった。

一九八八年一月、日本のビルマ経済発展研究会の招きで、ボウ・ヤン・ナインとティンサが来日した。研究会の承諾を得て、一夜夫妻を拙宅に招き夕食を共にした。三男も加わって、つもる話に花が咲いた。その席でボウ・ヤン・ナインが私の目をきっと見つめて、“I have never betrayed Japan.”（私は一度も日本を裏切ったことはない）と、しぼり出すような声でささやいた。その痛々しいひびきが今も私の耳に残る。彼はこの一言に万感をこめていたと思う。自身と義父バ・モオの戦後の悲運の原因がすべてここにあることを暗に示し、最後まで捨て切れないプライドと共に、この一言を私に伝えたかったのであろう。

彼はまた胸を張って私に言った。

「ネィ・ウィンは今非常に悩んでいて、私の助けを必要としている。私は彼が折り入って頼んでくれれば手を差し伸べるが、私からは決して言い出さないのだ」

わきで聞いていたティンサがひそかに私に目くばせした。彼女は夫の負け惜しみをよく知っていて、私に合図をしたのだ。彼女は一度も口には出さなかったが、おそらくボウ・ヤン・ナインの反政府運動そのものが失敗に終ることを予知していながら、敢えて一家揃

って の厳しい苦難に十五年間も耐えぬき、夫に夢を追わせ続けさせたのではないかと思う。彼女のしんの強さと包容力は、母ドオ・キン・マ・マからの遺伝なのだろうか。

ビルマの国情が悪化し、ラングーンに住みづらくなったティンサは、米国在住の六女ナンダのもとに身を寄せるようになっていたが、二〇〇一年四月、コネティカット州デリアンの自宅で再度の聞き取りに応じてもらえた。今回も一週間ホテルから毎日通って、ティンサ手作りの昼食つきという楽しくもぜいたくなインタヴューであった。先回の聞き取りを補充して余りある成果を得て、執筆に大いに役立った。

その後、どういうわけかティンサとの連絡が私からの一方通行となってしまった。近況がはっきりしないまま脱稿するのは非常に残念である。人伝ての話では、ここ数年バ・モオ家のあの広大な邸宅と土地に関してもめごとが起きているとか……。願わくはよき解決を得て、ティンサをはじめ一家の人達の健康と幸せが末永く続くように蔭ながら祈っている。

あとがき

終章に書いたように、ここ数年ティンサ一家との連絡がこちらからの一方通行になっていて、本文の最後に最新情報を記すことができず残念に思っていた。

すでに原稿を出版社に提出し、送られてきた第一校に手を加えながら、掲載する写真の整理にあたっていた一月末、家族写真としてはたった一枚手許にあった画面の一部の名前が判明できず、はたと困った。思い余って梨のつぶての一人であった米国在住、ユニセフに勤務している六女ナンダに手紙を書き、問題の家族写真のコピーと人型をなぞった紙を同封して名前記入を依頼した。祈るような気持で返事を待ったが、二月末になっても音沙汰は無く、あきらめざるを得ないと思いはじめた矢先の三月一日、フェデラル・エクスプレスの大型封筒がナンダから届いた。どういう理由か日本の税関による検問開封済のシールが貼られ、あきらかに開けられていた。しかしナンダの手紙と、思いがけなくも彼女の厚意によって同封されていた一家の写真七枚は没収されずに無事であった。また著者が依頼した家族写真のコピーと、人型の紙は丁寧に名前が記入されて返ってきた。同封の写真の中には、ティンサの近影、生前のボウ・ヤン・ナインとティンサ夫妻の一枚、ナンダ達が幼い頃の一家揃った白黒のスナップの数枚、加えてカナダ在住のキンサを母ティンサとアマヤ、ナンダが訪ねた折の母娘のカラープリントが含まれていて、いずれも冒頭の口絵写真に加えることができ、この上ない幸せであった。またメイル・アドレスを報せてもらえたので、以来やりとりが頻繁に行われた結果、追加の写真も送られてきたため、写真のページはますます充実した。ナンダの協力に深甚なる感謝の意を表してやまない。

彼女の手紙によると、同じデリアン市内で引越をしたため今回の著者からの手紙は入手までに一か月もかかり、返事が遅れたと書かれていた。またティンサは三年前にラングーンに戻り、長女イェマと末娘ティンティや両家の孫達に囲まれて母国に落ちついたとのことである。八十歳を迎えたティンサが祖国の家族のもとで、おだやかな老後を過ごせるのは同慶にたえない。なおナンダ自身は四年前に離婚し、以来ユニセフで働き続けながら女手一つで二人の子供を育ててきたそうである。二人共大学三年生で、娘は国際法を息子は経理の勉強をしているとのうれしそうな説明があった。

二度の取材から大変長い時間が過ぎて書き上げたこの作品ではあるが、著者の思いには深いものがある。

先ずは、四十五年も昔、ラングーンで知り合ったティンサという女性に強くひかれたことである。素顔の美しさと身だしなみのセンスのよさには会う度に見とれていたが、それにも増して奥床しさの中に毅然とした強い筋が一本通っている性格に大きい魅力を感じた。夫ボウ・ヤン・ナインの一九六五年から十五年にわたる反政府運動にまき込まれたバ・モオ博士とティンサ一家の動向を、なすすべもなく遠くから見守っていた著者には他人事には思えない年月であった。一九八〇年、ようやく恩赦を受けてボウ・ヤン・ナインが帰宅した数年後、思い切って一家のくわしい歴史を知りたいとティンサに依頼して許された聞き取りをもとにし、さらに二〇〇一年、在米中の彼女へのインタヴューによる補充を得てこの本は完成した。

個人的事情で出版までの道のりはまことに遠かったが、何としても書き上げたいという気持は変わらなかった。半世紀にわたるバ・モオ博士とティンサ夫婦一族の波瀾に富んだ歴史に思いをいたす時、本来なら光の中を歩みつづけたであろうこの家の人々に、はからずも茨の暗い影の道を歩ませてしまったのは日本の責任ではなかったかと感じるのは著者の思いすごしであろうか。不条理な戦争により日本の傀儡政権の首相の座に就かざるを得なかった事実がバ・モオ博士と一族にどれほど重い十字架を背負わせたことであろう。その十字架を背負いつづけながらバ・モオ博士とティンサの夫ボウ・ヤン・ナインの二人は、「一度も日本を裏切らなかった」ことを生涯の誇りとして一生を終えたのである。執筆中このことが脳裡を離れず胸が痛んだ。拙著をお読み下さる方に、いくらかでもこの痛みを分かち合って頂けたらこの上ない幸せに思う。

この本の第一章から第五章までは、朝日カルチャーセンター、「ノンフィクション教室」発刊の同人誌『燿』第二三号〜第二五号に掲載されたもので、作家入江曜子先生にこまやかなご指導を頂いた。厚くお礼を申し上げる。教室を離れた後は暗中模索ではあったが、このほどようやく書き終えた次第である。

表紙絵、扉絵、挿絵、装幀すべては、ペン画家、山田純子さんが受け持って下さった。ビルマにも滞在されたことがあるので、この国の花々、人々の営み、地方の風景等で、本に豊かさと輝きが加えられたことを心より深謝申し上げる。

石風社の福元満治氏はじめスタッフの皆様には一方ならぬお世話になり、あたたかいお励ましを頂き感謝申し上げている。

なお、この本の背景として必要であったビルマの近現代史に関し、多くの適切なアドヴァイスを与えてくれた三男、根本敬の協力をうれしく思う。

ところで一九八九年六月、国名の英語名をミャンマーに変更したビルマであるが、拙著の大半は改名以前の話であるので、敢えてビルマで通した。

この拙著は、友人であり執筆依頼者でもあるドオ・ティンサ・モオ・ナインに愛と感謝をこめて捧げる。

二〇〇七年六月

根本百合子

関連年表

一七五二年　コンバウン朝興る
一八二四年　第一次英緬戦争（〜一八二六）
一八五二年　第二次英緬戦争（下ビルマのすべてが英領となる）
一八八五年　第三次英緬戦争（コンバウン朝滅亡）
一八八六年　ビルマ全土が英領インド帝国の一州となる
一八九三年　二月　八日　マウービンでバ・モオ生まれる
一九〇七年　五月二五日　ミャウンミャ県ワーケーマでウー・ヌ生まれる
一九一一年　五月一四日　プローム県パウンデーでネィ・ウィン生まれる
一九一五年　二月一三日　マグウェー県ナッマウでアウン・サン生まれる
一九二〇年　一月　四日　ラングーン大学創立と同時に第一次学生ストライキ発生
一九二七年　三月一六日　ラングーンでティンサ生まれる。
一九三〇年　六月　タキン党結成される
　　一二月一二日　下ビルマ農民大反乱（サヤー・サン反乱）はじまる。三一年サヤー・サン逮捕され、バ・モオが主任弁護士となる。三二年サヤー・サン処刑
一九三一年　ラングーン大学学生同盟再建。ネィ・ウィン、ラングーン大学中退

一九三二年　アウン・サン、ラングーン大学入学
一九三六年一一月　下院総選挙実施
一九三七年　四月　初代首相にバ・モオ就任。ビルマ統治法施行、英領インド帝国から分離される
一九三九年　一月　「ビルマ・ルート」（援蒋ルート）開通
二月一二日　バ・モオ内閣不信任案可決。ウー・プ内閣発足
八月　タキン党内に人民革命党と共産党がつくられアウン・サンは共産党書記長となる
九月　反英独立運動の自由ブロック結成。総裁はバ・モオ、書記長はアウン・サン
一九四〇年　ビルマ防衛法の適用により自由ブロック関係者の逮捕開始。八月バ・モオ逮捕される
六月　陸軍大佐・鈴木敬司（後の南機関長）ラングーンに入る
八月　アウン・サンは同志一人と密出国しアモイに渡るが、鈴木敬司の手配で憲兵に捕らえられ日本へ送られる
九月　ウー・プ内閣不信任案可決。ウー・ソオ内閣発足
一九四一年　二月　一日　南機関発足
四月　「三十人志士」のビルマ脱出。九月まで海南島で日本の軍事訓練を受

ける
ウー・ソオ、英米カナダ訪問
一九四一年一〇月
一二月　八日　日本軍、対英米宣戦布告。アジア太平洋戦争勃発
一二月二三日　バンコック基地より日本第三飛行団ラングーンに飛来爆撃。二四日、二五日と続けて空襲。ティンサと弟妹、母親と共に父バ・モオの投獄されているモウゴウッ近くの村に疎開と称して滞在。これは母親ドオ・キン・マ・マが夫の脱獄を手助けするひそかな計略であった
一二月二七日　ビルマ独立義勇軍（ＢＩＡ）バンコックで入隊式、翌日宣誓式
一九四二年　一月一二日　ウー・ソオ、ティベリアスで逮捕され首相職を解任される
一月　日本軍とビルマ独立義勇軍（ＢＩＡ）、ビルマへ進軍開始
三月　日本軍（第三十三師団）ラングーン占領
四月一三日　バ・モオ、夫人の機転でモウゴウッ監獄より脱獄。その後チャウメの日本軍部隊に助けを請い、マンダレーに向かう
六月　四日　日本軍、ビルマ全土に軍政を布告
七月　八日　南機関解散
七月　ビルマ独立義勇軍（ＢＩＡ）解散。かわってビルマ防衛軍（ＢＤＡ）発足。これより先、南機関にかわって第十五軍がＢＤＡをとりしきる
八月　一日　ビルマ中央行政府発足。バ・モオその長官に就任

一九四二年一二月　一日　泰緬連接鉄道、公式に着工（タイ側三〇四キロ、ビルマ側一一一キロ）
一九四三年　八月　一日　ビルマ「独立」、国家元首兼首相にバ・モオ就任
　　　　　八月　　　　ビルマ防衛軍（ＢＤＡ）はビルマ国民軍（ＢＮＡ）に改名される
　　　　　一〇月二五日　泰緬連接鉄道完成
　　　　　一一月五～六日　東京において「大東亜会議」開催。バ・モオ首相出席
一九四四年　三～七月　三月、日本軍インパール作戦を開始したが大敗、七月に作戦停止
　　　　　六月二三日　ボウ・ヤン・ナインとティンサの結婚式挙行
　　　　　八月　　　　抗日グループ・反ファシスト人民自由連盟（パサパラ）ひそかに結成される
　　　　　一一月　　　日本国から勲一等旭日桐花大綬章を授与され、天皇陛下へ御礼を申し上げるため国賓として日本訪問
一九四五年　三月二七日　パサパラ主導の抗日一斉蜂起
　　　　　四月　　　　日本軍司令部首都ラングーン撤退決定
　　　　　四月二三日　日本軍司令部の命によりバ・モオ一家陸路モールメインへの脱出の旅に出発
　　　　　四月二八日　ティンサ、この逃避行中、チャイトウ村で長女イェマを出産
　　　　　五月　一日　バ・モオ一行モールメイン着。但しこの地も危険でムドンに移動する
　　　　　五月　六日　バ・モオ首相とボウ・ヤン・ナイン及び閣僚はムドンにとどまること

一九四五年　五月　六日　ドオ・キン・マ・マとティンサをはじめ家族一同は、平岡閏造大佐に伴われて泰緬鉄道でバンコックへ向かい、さらに陸路カンボジアに脱出を決定。
五月　英軍ラングーン奪回
六月　ビルマ国民軍（ＢＮＡ）は愛国ビルマ軍（ＰＢＦ）に名称変更
八月一五日　日本敗戦。アジア太平洋戦争終了
八月一六日　すでに首相ではなくなったバ・モオは、日本軍司令部残留組と石射大使の説得により日本への亡命を決意、泰緬鉄道でボウ・ヤン・ナインと少数の随行員と共にバンコックへ脱出
八月二二日　バ・モオはカンボジアのコンポンチャムに立ち寄り、家族に別れを告げ、ボウ・ヤン・ナインをこの地に残してサイゴンより台湾経由で立川に飛ぶ
八月二五日　バ・モオ、新潟県南魚沼郡石打村の薬照寺にかくまわれ、この日から住職土田覚常と家族の世話を受けることになる
八月三〇日　ティンサ一家カンボジアを去りバンコックに滞在
一〇月　レジナルド・ドーマン＝スミス総督、ビルマに復帰
一二月　在ビルマ英総督の命令により、ティンサ一家空路ラングーンに戻る
一九四六年　一月一七日　薬照寺にかくまわれていたバ・モオは、前年一二月末外務省の甲斐文

比古と意見の一致を見て上京し、英国代表部に自首、一月一七日巣鴨拘置所に入所させられる

一九四六年　八月　一日　バ・モオ、英国政府より戦時中の罪を赦免されて祖国ビルマに戻る

八月　ヒューバート・ランス総督就任

九月　ティンサ、ラングーン大学に入学

一九四七年　一月　アウン・サン＝アトリー協定調印

七月一九日　アウン・サンほか閣僚七名、官僚一名、守衛一名がウー・ソオの部下に暗殺される

七月　ウー・ヌ、政権を受け継ぎ独立準備をすすめる

ランス総督の要請により、アウン・サンら暗殺の犯人究明のため、ウー・ソオ、タキン・バ・セインと共に反パサパラ派の政治家としてバ・モオとボウ・ヤン・ナインが逮捕拘禁される

九月二五日　新憲法、議会で承認される

一〇月　ヌ＝アトリー協定調印、ビルマの独立決定

一九四八年　一月　四日　ビルマ、英国より主権を回復、共和制の連邦国として完全独立、国名はビルマ連邦

一九五〇年　バ・モオ、ボウ・ヤン・ナイン釈放される

一九五一年　ティンサ学士号取得

一九五三年　ティンサ修士号取得、大学に残り英語、英文学の講師を以後十二年間勤める。この間、三男六女の母となる

一九五八年　ウー・ヌの依頼に基づき、ネィ・ウィンによる選挙管理内閣発足

一九六〇年　二月　一九五一年の第一回、一九五六年の第二回につづいて第三回総選挙が行われ、ウー・ヌ首相に戻る

一九六二年　三月　二日　ビルマ国軍、クーデター決行。ネィ・ウィンを議長とする革命評議会発足

七月　四日　ビルマ社会主義計画党発足。ネィ・ウィンが議長を兼任

七月　八日　国軍によるラングーン大学学生同盟爆破事件

一九六三年一〇月　産業国有化令発令

一九六四年　三月　ビルマ社会主義計画党を除くすべての政党に解散命令

五月　第一回高額紙幣廃貨実施

一九六五年　四月　すべての私立小・中・高校の国有化始まる（〜六六年三月）

五月二九日　ボウ・ヤン・ナインひそかにラングーンを脱出、極秘裏に準備したビルマ・タイ国境三仏峠近くのキャンプで「ビルマ連邦党」を結成、旗揚げをする

一〇月　ティンサは夫の反政府運動が明るみに出たため、勤務先のラングーン大学を退職させられる

関連年表

一九六六年　五月　バ・モオはインセイン刑務所に、ティンサは一月に出産したばかりの四男ザーニィを抱いたままミンガラドンのイェ・チィ・アイン軍情報部拘禁施設に政治犯として連行拘禁される
一九六七年　四月　ティンサの叔母ドオ・キン・ミ・ミ永眠
一九六八年　一月　バ・モオ、ティンサ釈放される
一九七一年　八月　ティンサの双子の息子、ヤン・ミョウとヤン・リンが失踪、父親の「ビルマ連邦党」のキャンプに入る
　　　　　一一月　ヤン・ミョウとヤン・リンの事実が報じられ、一家への罰としてティンサ、すぐ下の妹マラ、末弟のネイタｰ、三番目の妹の夫ウー・チャン・トゥーンの四人がイェ・チィ・アイン軍情報部拘禁施設に送り込まれる
一九七二年　七月　ティンサの母ドオ・キン・マ・マ永眠
一九七四年　一月　ティンサの長男ヤン・ミョウがマラリヤで永眠（二年後に判明）
　　　　　一月　五日　ティンサ、マラ、ネイタｰ、ウー・チャン・トゥーン釈放
　　　　　一月　三男ミン・シンが双子の兄を追って父のキャンプへ走る。十五歳という幼さにボウ・ヤン・ナインは心を痛め、伝手を求めて米国在住のティンサの妹ティーダー・モオに預ける
　　　　　一月　ビルマ式社会主義に基づく新憲法公布

一九七四年　三月　形のみの民政移管実現。ネィ・ウィンはビルマ社会主義計画党議長を兼任のまま大統領に就任

一九七五年　六月　学生・労働者による反政府ストライキ発生

　　　　　　六月　ティンサの二男ヤン・リンが政府側の兵士に射殺された事実がラジオで報道される

一九七六年　七月　ネィ・ウィン暗殺計画に関係した青年将校らを処分

　　　　　　　　　この年以降、日本・西ドイツを中心とした外国からの援助受取り額が増加する

一九七七年　五月二九日　バ・モオ永眠

一九八〇年　五月　ネィ・ウィン大統領、アムネスティ（恩赦）の発表をする

　　　　　　八月一五日　ボウ・ヤン・ナイン恩赦を受けて帰国。ネィ・ウィンは彼に「ナインガン・ゴウンイィ」勲一等を授与し、建設省に木材を納める公社、Agent of The State Construction Corporation代表の地位を与える

一九八一年一一月　九日　ネィ・ウィン、大統領職をサン・ユに譲り、以後ビルマ社会主義計画党議長職に専念

一九八五年一一月　二回目の高額紙幣廃貨実施

一九八七年　二月　ビルマ、国連からＬＤＣ（最貧国）の認定を受ける

　　　　　　九月五日　三回目の中・高額紙幣廃貨実施

一九八八年　一月　ボウ・ヤン・ナインとティンサ、日本のビルマ経済発展研究会の招待を受けて訪日、二週間滞在する
三月一八日　学生反政府デモを軍が弾圧
七月二三日　ネィ・ウィンは党議長を、サン・ユは大統領を辞任。新大統領にセイン・ルウィン就任（党議長兼任）
八月　反政府運動に市民が加わり全国的に激化。セイン・ルウィン辞任。マウン・マウンが大統領兼党議長に就任
八月二六日　アウン・サン・スー・チー、民衆の前で初演説
九月一八日　国軍、武力で全権掌握、国家法秩序回復評議会（ＳＬＯＲＣ）を設置、ソオ・マウン大将が議長に就任し軍政を開始
九月　国民民主連盟（ＮＬＤ）が結成されアウン・サン・スー・チーが書記長に就任、地方遊説を始める
一九八九年　一月二八日　ボウ・ヤン・ナイン永眠
二月　日本、ビルマの軍事政権を承認
六月　国名の英語名をミャンマーに変更すると宣言
七月二〇日　軍事政権、アウン・サン・スー・チーを自宅軟禁
一九九〇年　二月　ティンサ、米国に移住した六女ナンダ一家とコネティカット州デリアン市で二〇〇四年まで同居

一九九〇年　五月二七日　複数政党制に基づく総選挙実施。NLDが圧勝
　　　　　　六月　軍事政権、NLDへの政権移譲を拒否、国民会議での憲法草案審議を宣言（～七月）
　　　　　　九月　NLD関係者と支持者の大量逮捕（～一〇月）
　　　　　一二月　少数民族反政府勢力と国境に入った学生やNLD関係者が手を組み、カレン民族の解放区に「ビルマ連邦国民暫定政府」（NCGUB）を樹立
一九九一年一二月　アウン・サン・スー・チーにノーベル平和賞授与される
一九九二年　四月　ソオ・マウン議長引退、タン・シュエ上級大将が議長に就任、政治犯の釈放はじまる
一九九三年　一月　国民会議で憲法草案審議開始。この年から少数民族反政府勢力との停戦交渉が進む
一九九五年　七月一〇日　アウン・サン・スー・チー、六年ぶりに自宅軟禁から解放される
　　　　　一一月　NLD、国民会議をボイコット、軍事政権は全員を除名
一九九六年　五月　NLDの議員総会を阻止するため、軍事政権は議員二六〇名以上を逮捕・拘束。NLDは党員総会に切り替えて開催、独自に草案づくりを進めると宣言
　　　　　　六月　七日　軍事政権は国民会議以外の場所での憲法づくりを認めない新法を制定

一九九七年一一月　国家法秩序回復評議会（SLORC）解散。かわって国家平和開発評議会（SPDC）発足（軍事政権名称変更）
一九九八年　九月　NLD、国会代表者委員会（一〇人委員会）を発足。軍政は同委員会を認めず、ひきつづきNLDとの対話を拒否
一九九九年一〇月　タイでビルマ大使館占拠事件
二〇〇〇年　九月　国連事務総長特使（ビルマ担当）にマレーシア人のラザリ氏就任
　　　　　九月　アウン・サン・スー・チー、二度目の自宅軟禁（第二次拘束）
二〇〇一年　一月　国連広報官が軍政とアウン・サン・スー・チーとの間で水面下の対話が開始されていると発表
　　　　一二月　中国江沢民国家主席ビルマを公式訪問
二〇〇二年　一月　軍政、ロシアに対して原子力平和利用技術の供与を要請していると発表
　　　　　三月　軍政、ネィ・ウィン元大統領の娘婿と孫らを国家反逆罪で逮捕、同年九月に死刑。ネィ・ウィン離れの姿勢が明確になる
　　　　　五月　アウン・サン・スー・チー、二度目の自宅軟禁から解放される
　　　　　六月　アウン・サン・スー・チー、NLDの党支部再開を目的に地方訪問開始
　　　　　八月　川口順子外相、日本の外相としては一九年ぶりにビルマを公式訪問、軍政幹部及びアウン・サン・スー・チーと会う
二〇〇三年　一月　タン・シュエ軍政議長、中国を訪問、江沢民国家主席と会談。中国側

二〇〇三年　二月　はビルマに対する二億ドルの特別優遇借款供与を発表

五月　ビルマ国内で金融不安が高まり、各地で取り付け騒ぎが発生。軍政は預金の払い戻し制限を強制

上ビルマのディベインでアウン・サン・スー・チー一行襲撃事件発生、NLD党員ら一〇〇人前後が死亡・負傷。アウン・サン・スー・チーはヤンゴンに連行され、刑務所を経て軍事施設に監禁（第三次拘束）

八月　軍政ナンバー三のキン・ニュン第一書記は書記職を解任されて首相に就任

九月　軍政、「政権移譲への七つの階段」（ロードマップ）を発表

九月　アウン・サン・スー・チー入院・手術、退院後は自宅軟禁が今日まで継続

二〇〇四年　五月　制憲国民会議八年ぶりに再開（NLDは参加せず）

一〇月　キン・ニュン首相、軍政内の権力闘争に敗れて失脚、逮捕・拘束され、同派閥は解体

二〇〇五年　六月　ヤンゴン市内二か所で大規模無差別爆破事件発生、数十人が死亡

七月　軍政、翌年のASEAN議長国就任を辞退する旨、発表

一一月　首都をヤンゴンからピンマナー近辺に移動すると発表、官庁の移動を開始

二〇〇六年　一月　国連事務総長特使ラザリ氏、辞任
三月　新首都の名称はネイピードーと決定発表。軍政、国軍記念日の中央式典を新首都で開催
九月　国連安全保障理事会がビルマ問題を公式議題（アジェンダ）に含めることを決議
二〇〇七年　一月　国連安全保障理事会がビルマ非難決議を、ロシアと中国が拒否権行使をしたため否決

参考資料

バ・モウ著・横堀洋一訳　『ビルマの夜明け』（太陽出版　一九七三）
ボ・ミンガウン著、田辺寿夫訳　『アウンサン将軍と三十人の志士――ビルマ独立義勇軍と日本』（中央公論社　一九九〇）
防衛庁防衛研修所戦史部　『南方の軍政』（朝雲新聞社　一九八五）
防衛庁防衛研修所戦史部　『ビルマ攻略作戦』（朝雲新聞社　一九六七）
泉谷達郎著　『ビルマ独立秘史――その名は南機関』（徳間書店　一九八九）
根本敬著　『アウン・サン――封印された独立ビルマの夢』（岩波書店　一九九六）
根本敬（共著）　『ビルマ軍事政権とアウンサンスーチー』（角川書店　二〇〇三）
根本敬（共著）　『東南アジアの歴史――人・物・文化の交流史』（有斐閣　二〇〇三）
太田常蔵著　『ビルマにおける日本軍政史の研究』（吉川弘文館　一九六七）
佐久間平喜著　『ビルマ（ミャンマー）現代政治史』増補版（勁草書房　一九九三）
吉川利治著　『泰緬鉄道――機密文書が明かすアジア太平洋戦争』（同文館　一九九四）
Kin Oung　*Who Killed Aung San?*（White Lotus Co. Ltd.　一九九三）

根本百合子（ねもと ゆりこ）

1924年神戸に生まれる。

東京女子大学文学部卒業。

1982年より17年間、中国残留孤児帰国者と家族の日本語教育にたずさわる。

著書『祖国を戦場にされて——ビルマのささやき』『国境という幻——追憶のユーラシア大陸横断』（共に石風社刊）

ティンサ ビルマ元首相バ・モウ家の光と影

二〇〇七年七月二十日初版第一刷発行

著 者 根本 百合子
発行者 福元 満治
発行所 石 風 社
福岡市中央区渡辺通二丁目三番二四号
電話〇九二（七一四）四八三八
ファクス〇九二（七二五）三四四〇
印刷 大村印刷株式会社
製本 篠原製本株式会社